お金のむこうに人がいる

田内学

元ゴールドマン・サックス金利トレーダーが書いた
予備知識のいらない経済新入門

ダイヤモンド社

はじめに

経済の専門用語は「ごまかす時」に使われる

「部屋の中に母と娘の親子が2組いる。しかし3人しかいない。どうしてだろう？」

子どもの頃、『頭の体操』という本を読むのが好きだった。本の中に、このような趣旨の問題があったことを覚えている。

常識にとらわれていると解けない「謎」が次々に出題される本だった。

この謎の正解は、「部屋の中には、娘、母、祖母の3人がいたから」だ。

部屋には「娘と母」「母と祖母」の2組の親子がいたのだ。

この本の謎はすべて、答えにたどり着くために特別な知識は必要なかった。どの謎を考えるときも、子どもも大人も、みんな同じスタートラインに立つことができた。

いちばん深刻な経済問題

大人になって、ある晩テレビをつけると、経済の専門家たちが討論をしていた。

金利政策を変えることが経済に及ぼす問題について語っている。

すぐにテレビのチャンネルを変えた。つまらない経済の話は専門家に任せておいて、クイズ番組でも観ていたほうがずっと楽しいから。

クイズ番組にしても『頭の体操』にしても、「問題」を出されるとつい考えたくなってしまう。それなのに、「経済の問題」は専門家任せにしたくなる。これはなぜだろう。

経済の問題は自分にも影響があるはずなのに。

僕たちの暮らす社会はいくつもの経済問題を抱えている。

その中で最も深刻なのがこの問題だと思う。

ほとんどの人が、経済の話に興味を持てないことだ。

僕もそうだった。もしかして、あなたもそうではないだろうか？

子どもの頃は、誰もがいろんなことに興味を持ち、疑問を持っていた。経済やお金のことにだって一度は興味を持ったはずだ。

「お金に価値があるなら、どうしてお金をコピーしないのかな？」

たとえばそんな疑問が生まれたとする。自分で考えても答えがわからないから大人に聞いてみる。すると「コピーしたら警察に捕まっちゃうんだよ」と答えてくれた。

「え、そうなの？　お金をコピーするのは悪いことなの？」

子どもの疑問は続く。今度は大人が「お金が増えると、お金の価値が減っちゃうんだよ」と教えてくれる。そういえば、スーパーで山積みになって売れ残ったバナナが安く売られていた。それと同じで、お金がたくさんあったら価値は減ってしまうのかな、と思う。

でも、まだ疑問は残る。日本は、国民から税金を集めるだけでは足りなくて、たくさん借金をしていると聞いたことがある。

「お金が足りないなら、やっぱり、コピーしたらいいんじゃないの？」

今度は専門家が出てきて、こう言う。

「ハイパーインフレが起きないように、紙幣の発行量を日銀がコントロールしているんだよ」


専門用語が出てきて、途端に経済に興味を失ってしまう。興味を失うと、それ以上思考が深まることはない。「どうせ自分は蚊帳《かや》の外だ。経済のことは専門家に任せておこう」と思ってしまう。この謎の答えはもっと意外で興味深いものなのに、専門用語を知らないと、そこにたどり着く前に退場させられてしまうのだ。

僕も、社会人になるまでは蚊帳の外にいたが、ゴールドマン・サックスという会社で働くことになって、経済について考えるようになった。そこでは、日本政府の借金である日本国債などを扱う、金利トレーディングという仕事をしてきた。取引相手は、銀行や保険会社などの金融機関や、世界中のヘッジファンド（個人、金融機関、年金基金などから集めた資金を運用する投資ファンド）だった。一度の取引量は数百億円から数千億円におよんだ。

このトレーディングの仕事では、経済を見誤ることは命取りになる。16年間そういう仕事をしながら、経済や政府の借金など「お金」のことをとことん考えてきた。しかし、自分の頭で考えるときに専門用語は必要なかった。**専門家が専門用語を使うのは、相手をごまかそうとするときだ。**自分をごまかしながら考える人はいない。

経済の話が難しく感じるのは、決してあなたのせいではない。

専門用語を使わなければ、誰もが同じスタートラインに立って考えることができる。だからこの本では専門用語や難しい数式を一切使っていない。出てくる数式は、足し算と引き算くらいだ。そもそも、僕は専門用語を使うのが得意ではない。

この本を書くきっかけになったのは、経済に関する2つの「謎」との出会いだった。

1つは「政府の借金の謎」。日本政府は1000兆円もの借金を抱えているのに、どうして破産しないのか。世界中のヘッジファンドが日本が破産することに賭け、日本国債の空売りでひと儲けを企んだ。しかし、そのほとんどが大損をして去っていった。彼らはこの謎が解けなかった。


そして、もう1つは、小学生の頃に理不尽に感じた「ざるそばの謎」だ。

僕の両親は、地方でそば屋を営んでいた。両親ふたりだけで切り盛りするそば屋の2階が、僕たち家族の住まいだった。

土曜日のお昼時、1階ではお客さんが一盛り400円のざるそばを食べ、2階では僕が同じざるそばを無料で食べていた。どちらも両親が作っている同じざるそばだ。

1階でざるそばを食べるお客さんの中には、「金を払っているのは俺だぞ」と言わんばかりに偉そうにする人がいた。僕が食事を作る両親に対して偉そうにすることはない。あたりまえの話だ。

なのにどうして、食事を作っている両親の立場が低くなるのか？　理不尽な大人の世界が不思議でしょうがなかった。

「お金がそんなに偉いのか？　働く人は偉くないのか？」

これが、ずっと僕の頭の片隅で引っかかっていた謎だ。働いている人なら一度や二度は同じ疑問を感じて、だけど、それが経済なんだと諦めていないだろうか。

ゴールドマン・サックスという資本主義ど真ん中の会社で働いてみて僕は確信した。お金は偉くない。そして経済は、お金ではなく人を中心に考えないといけない。

道徳の話をしているのではない。これは経済の話だ。

純粋に経済を突き詰めて考えたときに見えてきたのは、お金ではなく「人」だった。

実はこの「ざるそばの謎」も「政府の借金の謎」も、根っこは同じだ。

金融・経済のプロであるはずのヘッジファンドが「政府の借金の謎」を解けなかったのは、「働く人」の存在を無視して、お金だけを見ていたからだった。

経済の主役は、言うまでもなく人だ。誰が働いているのか、そして誰が幸せになっているのか。人を中心に経済を考えれば、経済を直感的に捉えることができる。

本書は3部構成になっている。第1部では、僕たちが抱いているお金への過信を打ち砕くことから始める。モノを手に入れる力を持つお金、価値のモノサシとしてのお金を過信してはいけない。お金への過信が消えると、人と人との関係が見えてくる。

人を中心に経済を考えるべき理由も見えてくる。

第2部では、お金ではなく「人」を中心に据えて、経済をゼロから考え直していく。経済は人々のために存在している。誰もがひれ伏す「経済のために」という言葉にダマされてはいけない。お金を使うことだけの「経済効果」が強調された政策が優先されると、僕たちは疲弊してしまう。

第3部で考えるのは、社会全体の問題について。社会全体の問題は、実はお金では解決できない。お金ではなく「人」を中心に考えると、問題の本質が見えてくる。解決するために僕たちが今、何をすべきかを考えていく。

読者の中には、第1部のお金の話よりも社会が抱える問題に興味がある人もいるだろう。また、お金のことは十分理解していると思っている人もいるだろう。そんな人たちも、是非、第1部から読んでほしい。第3部から読むとただのお金の問題にしか見えなくなってしまうからだ。

本書の最後では、ある謎を一緒に考えてもらいたい。この最後の謎は答えがまだ見つかっていない。僕がこの本を書いた動機がそこにある。なるべく多くの人にその謎を考えてほしいと思っている。

そして、あなたにこう感じてもらいたいと思って、僕はこの本を書いた。

「経済の問題は、専門家だけに任せるものではない。自分も考えよう。そのほうが未来の社会はずっと良くなる」と。

もくじ

第1部 「社会」は、あなたの財布の外にある。

第2話 なぜ、家の外ではお金を使うのか？

第2部 「社会の財布」には外側がない。

第7話 経済が成長しないと生活は苦しくなるのか？ 154

第3部 社会全体の問題はお金で解決できない。

第8話 貿易黒字でも、生活が豊かにならないのはなぜか？ 178

最終話
未来のために、お金を増やす意味はあるのか？

第1部

「社会」は、あなたの財布の外にある。

QUESTION

1

すべての人が日曜日に休もうとしている。
そのための準備として、ふさわしくないのは
次のうちどれだろうか？

A　平日のうちに、学校の宿題や課題を終わらせておく

B　平日のうちに、洗濯や掃除などの家事をしておく

C　平日のうちに、バイトや仕事をして使うお金を貯めておく

ANSWER

C

平日のうちに、バイトや仕事をして使うお金を貯めておく

「僕たちの暮らす社会は、一人ひとりが支え合っている」

資本主義のど真ん中にいた僕がこんな話を始めたら、あなたは眉をひそめて、僕の腹の内を探るかもしれない。きれいごとを並べて、自分をダマそうと何かを企んでいるのではないかと。

たしかに現代社会では、みんなが支え合っていることを実感できる機会がほとんどない。

「生活を支えているのは、お金だ。自分や家族が稼いだお金で日々を送っている」

そう思っていると、この問題の正解にたどり着けない。日曜日に休むためには、平日のうちにお金を貯めておけばいいじゃないかと考えてしまう。

ところが、Cの選択肢はふさわしくない。日曜日に働いている人がいなければ、日曜日にお金を使うことはできないからだ。

働く人がいなければ、お金は力を失う。

この日曜日の問題は現実的でないと思われるかもしれない。だけど、「日曜日」を「老後」に置き換えるとこうなる。

「すべての人が老後に休もうとしている。そのための準備として、ふさわしくないのは次のうちどれだろうか？」

すべての人が同時に老後を迎えたりはしないが、少子化で働く人が相対的に減っていくのは確かだ。元の問題と同じように、お金を貯めることだけでは根本的な問題解決にならない。それなのに僕たちは、「老後の問題」を「お金の問題」と考えてしまいがちだ。

お金が生活を支えていると思うと、自分の財布の中のお金にしか興味を持てなくなる。しかし、僕が一日を過ごすために、数万人の人が働いている。たとえ一日中僕が家で過ごしたとしてもだ。

朝起きて蛇口をひねるだけで水を飲めるのは、水道代を払っているからではない。見えないところで多くの人が働いているからだ。

水源地を管理する人、水質検査をする人、水道管を修繕する人。水を飲むことができるのは彼らのおかげだ。どんなにお金を払っても、誰も働いてくれない無人島で水を飲むことはできない。一日を過ごすだけで、無数の人々に支えられている。

同じように、あなたが働くことは誰かを助けることでもある。家の中で家事をすれば家族を助けている。家の外では仕事を通じて見知らぬ誰かの生活を助けている。

誰の役に立つのか実感しにくい仕事だって、どこかに必ず「お客さん」がいる。あなたがもらっているお金をたどっていけば、必ず誰かにたどり着く。あなたは必ず、誰かを助けている。

社会は、あなたの財布の外側に広がっている。僕たち一人ひとりは助け合っている社会の一員だ。ところが、自分の財布の中のお金だけを見て暮らしていると、登場人物が自分だけになる。社会の話が、自分と切り離された話になる。だから「お金さえあれば生きていける」と錯覚してしまうのだ。

老後の生活の不安をなくすためには、お金さえ蓄えておければ大丈夫だと多くの人が信じている。それは、お金だけ握りしめて樹海の中を1人でさまよっているようなものだ。しかしそのままでは、幸せな未来にはたどり着けない。

僕たちが樹海で迷っているのは、手元にある「経済の羅針盤」が正確ではないからだ。その羅針盤には今、「お金には価値がある」としか書かれていない。

経済の羅針盤

○──お金には価値がある

僕たちが知っているお金の話は、財布の中の話ばかりだ。

どうやってお金を稼ぐのか。

または、どうやってお金を増やすのか。

そして、どうやってお金を貯めるのか。

でも、「財布の外」の世界については、あまり考える機会がなかった。

僕たち一人ひとりは別々の樹海を歩いているわけではない。同じ樹海を歩いている。

そこで、支え合いながら生きている。正確な羅針盤を手に入れれば、樹海の木々が共に支え合う人々だと気づく。正しい羅針盤を手に入れれば、道に迷うこともない。

第1部では、財布の外側を眺めながら経済の羅針盤の精度を高めていく。

まずは、僕たちが信じているお金の価値から見つめ直していこう。

第1話

なぜ、紙幣をコピーしてはいけないのか？

紙幣に価値があるなら、コピーして増やせば
社会の中の価値が増えそうだ。
なのに、コピーすることは禁じられている。
その理由は、僕たちが紙幣を使い始めた歴史に隠されている。

QUESTION 2

日本中の人が紙幣を使い始めるようになったのは、どうしてだろうか？

A 金《きん》に交換することができたから

B 税金を払わないといけないから

C 日本銀行がその価値を保証しているから

ANSWER

B

税金を払わないといけないから

紙幣そのものに価値はない

突然、見たことのない紙幣を渡されたらどう思うだろうか？

ある日、あなたが営む花屋さんにお客さんがやってきた。「花を売ってほしい」と言って紙幣らしきものを渡された。どうやら外国の紙幣のようだが、どれくらいの価値があるのか見当がつかない。紙幣なのかも疑わしい。そんなものと大切な商品との交換に応じることはできないだろう。

見たこともない紙幣に価値を感じることはできない。僕たちがいつも使っている一万円札だって、立場を変えれば同じ話だ。アマゾンの奥地に住む日本のことをまったく知らない人たちに一万円札を見せても、交換には応じてくれないだろう。

僕たちが一万円札に感じている価値を、彼らに示すことはできない。それはつまり、一万円札自体に価値があるわけではないということだ。

では、僕たちはどうして紙幣に価値を感じているのだろうか？

辞書や専門書を開くと「政府が価値を保証し、みんながその価値を信用しているから」という説明から始まり、政府や中央銀行によってどうやって紙幣の価値が維持されているか、価値を保証する方法についての解説が続く。

お金の話が、どんどん眠くなっていく。

たしかにおっしゃる通りだ。政府が価値を保証しているから紙幣が使える。だけど、そんなことを意識して使っている人がどれだけいるのだろう。

「みんなが使っているから」「みんなが価値があると信じているから」というシンプルな理由で使っている人がほとんどだろう。

しかし、実は日本の中で、紙幣に価値を感じていない組織がある。

日本銀行だ。彼らは大量の紙幣を破り捨てている。
そこに、紙幣の価値を解き明かすヒントが隠されている。

すべてのチケットは「将来の約束」

以前まで、日本銀行の見学ツアーに参加すると、シュレッダーで裁断された一万円札の入ったボールペンがもらえたらしい。一万円札を裁断するなんてもったいない話だ。なぜ、日本銀行は紙幣を破り捨てたりできるのだろう。

一万円札をよく見ると「日本銀行券」と書いてある。紙幣は「券」、つまり「チケット」の一種なのだ。

旅行ギフト券、デパートの商品券、映画のチケット。子どもの頃、親にプレゼントした肩たたき券。**すべてのチケットに共通するのは、「将来の約束」だ。**チケットを発行した人は、チケットを持っている人に「約束」している。映画のチケットは映画を観せる約束だし、肩たたき券は肩を揉みほぐしてあげる約束だ。

たとえば、母の日にあなたが1回30分の肩たたき券を10枚プレゼントする。

さっそく母親が1枚目を使う。1回につき30分も肩を揉みほぐすのはかなりの重労働だ。あなたは10枚も渡してしまったことをちょっと後悔した。

でもしょうがない。あと9回は、肩たたきをしないといけない。その後も、2回、3回と母親の肩をたたいた。

ところが、4枚目のチケットを使ったのは、隣の家に住むおばさんだった。彼女は庭の柿を母親に10個あげたらしい。そのお返しに肩たたき券を2枚譲り受けたというのだ。

5枚目のチケットのお客さんは、向かいの家の中学生だった。おばさんの庭を掃除したお駄賃として、おばさんから肩たたき券をもらったらしい。

あなたが「肩たたき券（1回30分）」とだけ書いた紙は、柿と交換され、さらに庭掃除のサービスと交換された。もはや、それはただの紙切れではない。紙幣と同じ役目を果たしている。母親に聞くと、すでに手元にチケットはないと言う。残りのチケットはすでに誰かの手に渡っているらしい。

6枚目、7枚目と知らない人の肩たたきをしたあと、誰も肩たたきを依頼して来なくなった。あなたの肩たたきが街中で大評判になり、残りの3枚は紙幣のように出回っているらしい。

今や、街中のみんながその紙に価値を感じている。そのチケットが道端に落ちていたら、誰かに拾われて財布の中にしまわれるだろう。

しかし、この道端に落ちているチケットを破り捨てたい人物が一人だけ存在する。あなた自身だ。あなたにとっての肩たたき券は、30分ただ働きをさせられる厄介な存在になる。

同じように日本銀行券も、発行した日本銀行からすれば、マイナスの価値を持っている。だから破り捨てることで、果たすべき将来の約束から解放されるのだ。

では、日本銀行が紙幣によって果たすべき「約束」とは何なのだろうか？

紙幣はもともと金《きん》の引換券だった

ひと昔前までは、紙幣は金《きん》と交換する約束だった。

そもそも紙幣は、金《きん》を預けたときに受け取る「預かり証」だった。

紙幣が存在しなかった時代には、金《きん》や銀などで支払いが行われていた。しかし、大きい取引をするときに大量の金塊を持ち歩くのは危険すぎる。

そこで、金《きん》を支払う側の買い手は両替商に金《きん》を預かっておいてもらい、その預かり証を売り手に渡して支払いを済ませる。預かり証を両替商に持っていけば、いつでも金《きん》に交換してくれるというしくみだった。

取引をするたびに両替商のところで金《きん》と交換しなくても、受け取った預かり証を次の取引に使うこともできる。こうして、預かり証は現在の紙幣に近づいていった。

時が経ち、紙幣を発行できるのは日本銀行だけになった。日本銀行が1兆円分の紙幣を発行していれば、日本銀行の金庫には1兆円分の金《きん》が保管されている。日本銀行に紙幣を持ち込めば、いつでも金《きん》を受け取ることができた。

紙幣の出現によって金《きん》を持ち歩かなくてもよくなったが、新たな問題が出てきた。貨幣経済の発展によって、より多くの紙幣が必要になったのだ。一方、金《きん》の量には限界がある。新たに発掘するか輸入してこないと、これ以上紙幣を発行できない。

そこで法律を変えて、日本銀行が紙幣と引き換えに金《きん》を渡す義務をなくしたのだ。

それでも、誰も困らなかった。その頃には紙幣を使うことに慣れていて、現在の僕たちみたいに紙幣の価値を信じ切っていたからだ。

かといって、日本銀行がいくらでも紙幣を発行できるのは良くない。そこで、金《きん》の代わりに日本国債(※)を保有するようにした。日本銀行が新たに10兆円を発行する場合、その紙幣で国債を10兆円分購入することになった。これによって、新たな紙幣が出回ることになった。

さて、紙幣の価値を支えるものは金《きん》から国債に変わったわけだが、紙幣を持っていけば国債と交換してくれるわけでもない。日本銀行は、何の約束も果たさなくなってしまったのだ。それでもなお、僕たちは紙幣を欲しがっている。

僕たちはダマされているのだろうか?

そうではない。じつは「脅されている」のだ。

(※)日本国債とは日本政府が発行する債券。日本政府の借金の借用証書のようなもので、保有していると定期的に利子がもらえて、一定期間後に元本が返済される。

ジャイアンリサイタルのチケットが完売する理由

約束の内容とは別の理由で、チケットが必要になることがある。

『ドラえもん』に出てくるジャイアンのリサイタルはいつも満員だ。音痴なジャイアンの歌なんて誰も聞きたくないのに、みんなそのチケットを欲しがる。

理由は簡単だ。リサイタルに行かないとジャイアンに殴られるからだ。言い方を変えれば、ジャイアンリサイタルのチケットは「ジャイアンから殴られないこと」を約束してくれている。

じつは、僕らが紙幣を使っているのも同じ理由だ。紙幣を手に入れないと、刑務所に入れられてしまうから紙幣を欲しがっている。信じられないかもしれないが、僕たちはその法律を受け入れている。

それが納税だ。**税金は円貨幣（紙幣や硬貨）で払わないといけない**。税金を滞納すれば国税庁の人たちが徴収しにやってくる。それでも支払わなければ刑務所に入れられる。実は、この法律があるからこそ僕たちは円を使うようになったのだ。

だから、冒頭の問題は、選択肢B「税金を払わないといけないから」が正解になる。紙幣が金《きん》と交換できても(A)、日本銀行がその価値を保証していても(C)、みんなが紙幣を必要とする理由にはならない。

江戸時代までは、銀、銅銭、小判などの貨幣や米など円ではないものが商品の売買や給料の支払いなどのために使われていたが、明治時代に突如円貨幣が普及し始める。**「円の普及」を大きく後押ししたのが、1873年の地租改正**だ。歴史の授業でこの年号を憶えたとき、僕は大して重要な事柄だと思っていなかった。

歴史の授業では「米の収穫高に関係なく、土地の所有者から税を一律に集めるようになったこと」に焦点が当てられる。しかし、お金の歴史を知る上で重要なのは、「税の支払いを円貨幣でしか認めなくなった」という点だ。

これ以降、金《きん》でも米でもアメリカドルでもなく円貨幣で税を支払わないといけなくなった。税を払わないと刑務所に入れられる。円の価値を信じていなくても、納税者は円貨幣を手に入れる必要がある。

こうして、税の徴収によって円貨幣の流通が加速し、誰もが交換に使う「通貨」になったのだ。

「税」がお金を循環させる

昔から、税と通貨は切り離せない関係にある。

江戸時代には、収穫した米の一部を農民から税として徴収していた。年貢米だ。武士の給料も米で支払われ、米はいつでも金《きん》、銀、銅などの貨幣と交換できた。だから、お米を蓄えることは富の蓄積でもあり、お金としての機能の一部を担っていた。

飛鳥や奈良に都を置いていた律令時代にさかのぼっても同じことが言える。租庸調という税制度では、米や綿布や絹布、そして貨幣で税が納められていた。当時の通貨もまた、米、綿布、絹布、貨幣だったらしい。これらの通貨を市場に持っていくと、自分の欲しいものと交換できた。

どうして税は通貨になるのだろうか？

そもそも、税は何のためにあるのか？

政府は本来、国民のためにより良い社会を作ろうとする。時代によっては支配者層のためでもあったが、それでも「みんなのこと」を考えないと共倒れになってしまう。より良い社会を作るためには、もちろんみんなの協力が欠かせない。租庸調の「庸」のように、国民に労役を課してみんなのために強制的に働かせることもあったが、国民の自由が大きく制限されたし、国中を移動させるのは効率が悪かった。

そこで、「税を納める」という方法によってみんなで負担を分け合っている。

そして**集められた税は、「みんなのために働く人たち」に支払われる。**

律令時代、税として集められた貨幣は、役人や平城京を建設する労働者に支払われた。貨幣が出回り始めたばかりの時代で、貨幣を初めて見た労働者は「何だこれは？」と思ったかもしれない。彼らが暮らすためには、得体の知れない貨幣よりも衣食住を満たすための物資が必要だったはずだから。

一方で、貨幣を欲しがる人もいた。貨幣を税として納めないといけない人たちだ。たとえば、彼らの手元に米が余っていれば、貨幣を持て余している役人や労働者たちに交換を持ちかける。そこに、貨幣で米が買えるお店が生まれる。

税は「みんなのために働く人」に流れていく

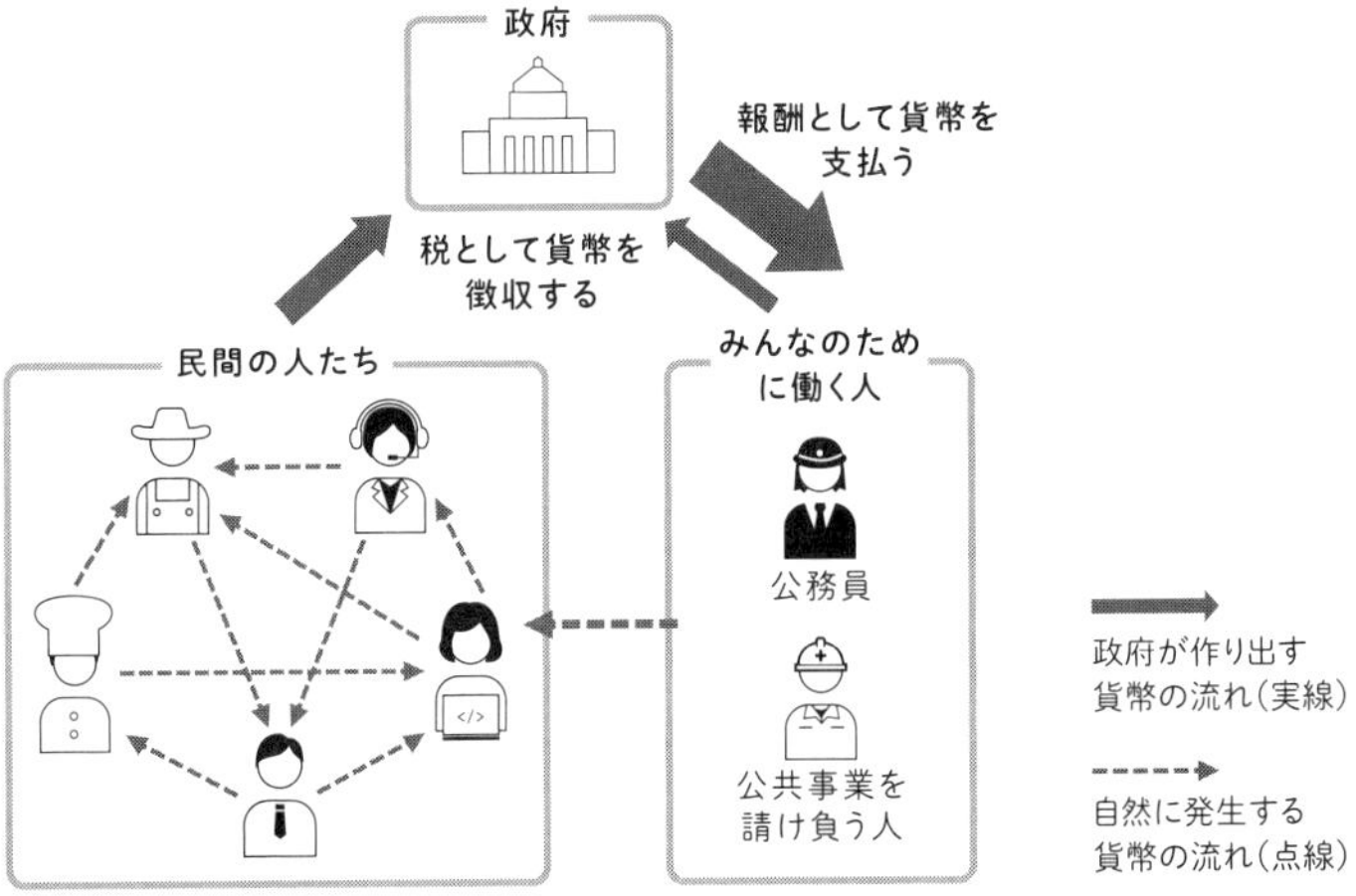

同じように、魚や塩、土器などを売る店も次々に生まれる。最初は得体の知れなかった貨幣が、いろいろな物と交換できる便利なものになっていく。みんなが保有する貨幣の一部は税として徴収され、再び「みんなのために働く人」に配られる。

こうして、税システムによって貨幣が通貨として普及し、社会の中を循環するようになった。これは律令時代でも現代でも変わらない。

現代の日本の税金は、教育や警察などの公的サービスだけでなく、道路などのインフラ整備、年金や医療費などにも使われている。そして「みんなのために働く人」は広範囲に及ぶ。役人だけでなく、学校の先生、警官、建設会社の従業員、医療関係者などに、直接もしくは間接的に円が支払われている。

さて、ここまでの話を踏まえて、第1話の冒頭の問題に戻ろう。

「なぜ、紙幣をコピーしてはいけないのか？」

新しい紙幣を作ってみることを考えれば、その答えがわかりやすくなる。

家の中に新しい紙幣を作ったらどうなる？

ここに、両親と四兄弟で暮らす6人家族がいる。子どもたちはスマートフォンばかりいじっていて、自発的に家事を手伝おうとしない。そこで両親は一計を講じ、家庭内で流通する紙幣を作って税金を徴収することにした。

中央銀行の役割を担うお父さんは、「1マルク」とだけ紙に書いて自分の印鑑を押す。この1マルク紙幣を100枚用意した。

政府であるお母さんは「100マルク借ります。1年後に返します」とだけ書いた借用書をお父さんに渡して、お父さんから1マルク紙幣を100枚受け取る。この借用書は、まさに国債（政府の借金の借用書）だ。

お父さんは100マルク分の借用書を保有して、100マルク分の紙幣を発行した。これは、日本銀行が国債を保有して円の紙幣を発行しているのと同じ状況だ。

お母さんの手元には100マルクあるが、借用書をお父さんに渡しているから100マルクの返済義務もある。紙幣発行によってお母さんが儲けているわけではない。この時点では、1マルクに価値を感じている人は誰もいない。

これで準備完了だ。

ある晩、四兄弟は夕食の準備を手伝わせられる。そのお駄賃として、4人それぞれに、1マルク紙幣が5枚ずつ、手渡された。

「え、この紙は何？」とつぶやく長男。

長男を横目に、お母さんが言う。

「これからは、お父さんもお母さんも会社の仕事に専念します。みんなが自分たちで家事をして生活してください。その代わり報酬を出します。調理担当者には毎日10マルク支払います。食器洗い担当者には毎日5マルク。洗濯は1回につき10マルクです」

きょとんとしている子どもたちに向かって、最後にお母さんはこう宣言する。

「そして今日から税金を払ってもらいます。税額は一人につき毎日5マルク。将来的には変わる可能性もあります。税金を払わないとスマートフォンを取り上げます」

「えーーーー！」

スマートフォンが生活必需品の四兄弟にしてみれば、強制力のある徴税だ。この瞬間、4人の手元にあるただの紙切れが価値をもった。紙幣が誕生した瞬間だ。


子どもたちの視点でマルクは価値ある存在になった一方、一家全体の視点では価値が増えたようには思えない。100マルクという紙幣が作られただけでは、この家の生活が豊かになったわけではないからだ。

しかし、新たな紙幣と税の導入で、4人は自発的に働くようになった。調理担当の長男と、食器洗い担当の次男は、みんなのために働く公務員だ。四男は洗濯という公共事業を、毎日1回受注している。

家事が苦手な三男は、毎日四男から5マルクもらって勉強を教えることにした。三男は塾を経営しているようなものだ。これで4人全員が税金を払えるようになった。マルクの導入によって、みんなのためにみんなが働く社会が作り出されたのだ。

しばらくすると、税金の支払い以外にもお金を使うことが増えていく。長男は5マルクを次男に払って自分の部屋の掃除をしてもらい、次男は、四男が摘んできた花を4マルクで買った。

こうして、紙幣を使った貨幣経済は、公的サービスだけでなく民間サービスにも広がり、家庭内に通貨として普及する。これが僕たちの使っている紙幣だ。

この家庭内紙幣の例でわかるように、紙幣自体に価値はない。税金というシステムを導入することで、一人ひとりにとっての価値が生まれる。そして、紙幣を手に入れるために、みんながお互いのために働くようになるのだ。

ここまでで、経済の羅針盤をこう書き換えることができる。

経済の羅針盤

~~お金には価値がある~~

↓

個人にとって、お金は価値がある

社会全体にとって、お金自体には価値がない

紙幣をコピーすると、働く人がいなくなる

さて、さっきの四兄弟がマルク紙幣をコピーするようになったら何が起きるか？

四兄弟は面倒な家事から解放される。コピーした紙幣を税金として払えばいいから、働く必要がなくなるのだ。でも、彼らに働いてもらえないと困る人たちがいる。

それは、お母さん（政府）ではない。困るのは、四兄弟自身だ。

みんなのために働く人がいなくなってしまった。四兄弟一人ひとりが、自分のため

に食事を作り、自分のために洗濯をしないといけなくなる。マルク紙幣が生活を支えているわけではない。マルク紙幣を手に入れるために四兄弟が働くことが生活を支えているのだ。

紙幣をコピーしてはいけないのは、「価値が薄まってしまうから」ではない。**「みんなが支え合って生きていけなくなるから」**だ。

たった4人の社会だろうと、1億人の社会だろうと本質的には同じだ。

だけど、まだ引っかかることがある。この四兄弟の家族はあくまでたとえ話であって、普通は家の中でお金を使って家族に働いてもらうことはない。ところが、家の外では、お金を使わないと生活が成り立たない。

どうして、家の外ではお金を使うのだろうか？

そこに羅針盤の精度を上げるヒントが隠れている。

第 2 話

なぜ、家の外ではお金を使うのか？

家の中ではお金は必要ない。しかし、家の外ではお金がないと
生活するのが難しい。中と外で何が違うのだろうか？
ここに、お金の持つ力が隠されている。お金の「交換機能」を
誤解していると、この問いの本当の答えにたどり着けない。

QUESTION

3

新国立競技場建設には1500億円かかった。
では、エジプトのピラミッドの建設にかかったお金は、
現在のお金に換算するといくらだろうか？

A 4兆円

B 1250億円

C 0円

ANSWER

C

0円（お金は必要なかった）

「予算」が新国立競技場を作ったのか？

２０１９年12月、東京霞ヶ丘に新国立競技場が完成した。東京オリンピックにむけて建設されたこの競技場は、その工事が始まる前に大きな問題に直面していた。計画通りに作ると、総工費が３０００億円以上かかることが判明したのだ。これは、当初の予算１５００億円の2倍以上の金額にあたる。

急遽計画が変更されて、最終的には予算内に収まったが、このような国家的プロジェクトを成功させるためには、まず予算を確保することが何よりも大事だ。予算さえ確保すれば、後は予算内に収めることだけ考えればいい。

少し古いデータだが、エジプトにあるクフ王のピラミッドを現代に建設した場合の総工費が試算されている。規模としては国立競技場とだいたい同じで、1250億円かかるらしい。しかし、古代エジプトでピラミッドが建設された当時は、現代のような重機は存在せず、すべて人手の工事だった。当時の工法だと、その費用は4兆円に跳ね上がる。

この4兆円は、現代社会においてピラミッドを建設した場合の総工費だ。実際に4兆円もの金額をかけた建造物は、地球上に存在しない。

「地球上」と書いたのは、宇宙には1つだけ存在しているからだ。それは衛星軌道上に浮かぶ国際宇宙ステーションで、4兆円という金額はまさに天文学的な数字だ。

それなら、古代エジプト王国がピラミッドを建設したとき、その莫大な予算をどうやって確保したのだろう？　ツタンカーメンのデスマスクは黄金製らしいから、大量の金貨や金塊を持っていたのだろうか。

4500年前に時を戻してみよう。

紀元前26世紀のエジプトにタイムスリップしたあなたは、エジプトの王として玉座に座っている。そこに一人の側近が近づいてきて、あなたの指示を仰ぐ。

「ピラミッドの建設ですが、どこから手をつけましょうか？」

まずやるべきことは、4兆円もの建設費用をどうにか準備することだと考えたあなたは、側近を引き連れて宝物庫に向かい、どれだけの金貨をため込んであるのか期待して扉を開ける。

しかし、金貨は一枚も見つからなかった。

金貨がなければ作るしかない。そう思ったあなたは早速、側近に指令を出す。

「とりあえず金《きん》が必要だ。金鉱石を掘って、掘って、掘りまくれ！」

側近は不思議そうな顔をして、あなたに問い返す。

「王様、どうなされたのですか？　我々が作るのはピラミッドですよ」

歴史好きな人はもう気づいているだろう。当時のエジプトにはまだ貨幣が存在していなかった。金《きん》をもらって働く人もいなかった。

エジプトの王は、お金を払ってピラミッドを作らせたわけではない。王の命令のもと、莫大な数の労働者を働かせて作り上げたのだ。

ただし、労働者たちは「ただ働き」をさせられたのではない。報酬として食料や衣服などを受け取ったし、ビールも振る舞われたという記録もある。支給されたその食料や衣服やビールもまた、大勢の労働者によって作られている。

ピラミッドの建設に、お金はまったくかかっていない。

必要なのは、予算を確保することではなく、**労働を確保すること**だったのだ。

食べ放題で「元を取る」ことはできない

古代エジプトから数千年の時が経ち、貨幣を使うようになった現代社会では、僕たちの生活は大きく変わった。自動販売機に100円玉を2枚も入れれば、ジュースでもお茶でも好きな飲み物がすぐに出てくる。まるで硬貨が飲み物に変わったように錯覚してしまうが、その裏には必ず誰かの労働が存在している。

「モノをつくるためには労働は必要なことくらいわかっている。しかし、原料や材料を手に入れるためには、お金が必要じゃないか？」

そう思うかも知れない。しかし、モノを作る過程をさかのぼっていくと、「原価」は存在しないのだ。

食べ放題のレストランに行ったときに、「元を取るまで食べてやる」と意気込んだことはないだろうか。

たとえばひとり4000円の食べ放題レストランに行ったとしよう。そのレストランの一番の目玉は1000g 500円の牛肉が使われているステーキだった。

きっと多くの人がこう思うはずだ。

「このステーキを800g食べれば元が取れる。あとは得するだけだ」

たしかにこの牛肉を800g食べれば4000円分だ。レストランに人件費も利益も払っていない、と思う。

でも、ちょっと考えてみよう。

ステーキの原価は0円になる

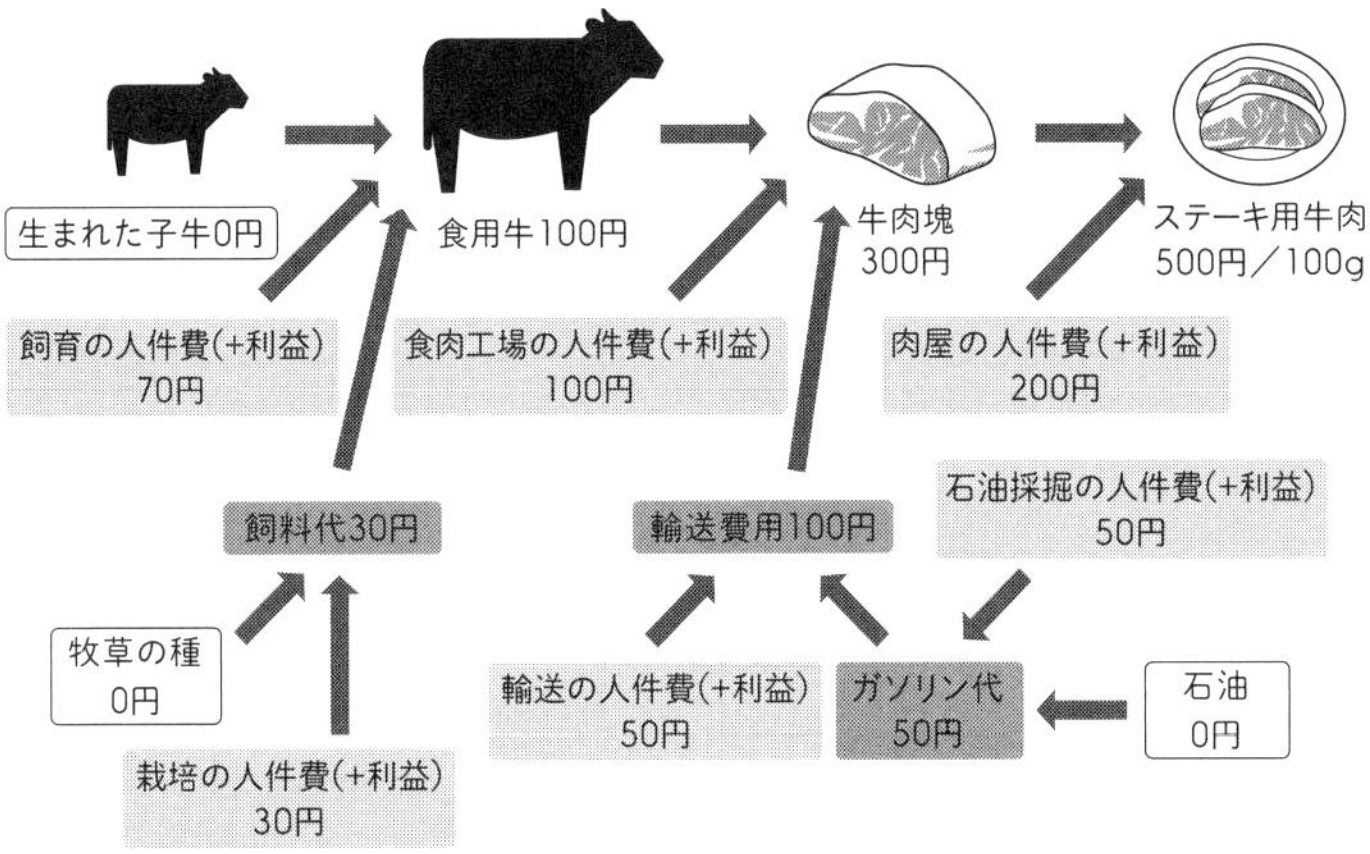

「レストランに儲けさせなかった」のは間違いないが、肉屋は儲けている。

１００ｇ５００円という価格は、レストラン目線での原価だ。その肉をレストランに卸した肉屋の視点では、原価はもっと安い。肉屋にとってのステーキ肉は完成品であり、原材料は食肉工場から買ってきた大きな肉の塊だ。たとえば原価が１００ｇ３００円の肉なら、そこに肉屋で働く人の人件費や利益などを２００円上乗せしている。

肉屋の仕入れ先である食肉工場でも、同様に働いている人がいて、原価が存在している。その先までどんどんさかのぼっていくと、生まれたての子牛に行き着く。自然界で生み出された子牛の原価はゼロだ。

生まれたての子牛がステーキ肉になるまでに、人件費や利益以外の費用も発生している。牛の飼料の購入費用や、輸送費用、食肉工場の設備費用や電気料金など、挙げればキリがない。しかし、このすべての費用を一つひとつ分解していくと、人件費と利益以外は何も残らない。

輸送に使われるガソリンも、原材料となる石油は地下から汲み上げていて原価はゼロ。食肉工場が使う冷凍庫や牛を輸送するトラックのような複雑な工業製品も、部品やさらにその部品までさかのぼっていくと、自然の中にある鉄鉱石などの原材料にたどり着く。それもやはり原価はゼロだ。

100g500円のステーキ肉の元をすべてたどると、0円の自然資源と、合計500円の人件費や利益に行き着く。

つまり、元を取るの「元」とは、価格の存在しない自然界にある資源だ。ステーキを800g以上食べても、ただ目の前のレストランに儲けさせないことに成功するだけであって、「元が取れた」と思うのは幻想なのだ。

もし、そのレストランが牧場直営だったら、ステーキ肉の原価は存在しなくなる。

生まれたばかりの子牛から育てている牧場では、原価はゼロだからだ。そうなると、どんなに肉を食べても目の前のレストランに損をさせることすらできない。

話を戻そう。食べ放題の元が取れない話をしたいのではない。確認したかったのは、**「すべてのモノは労働によって作られる」**という生産活動の大原則についてだ。

この大原則は、古代エジプトから現在に至るまで変わっていない。貨幣が発明されても、お金からモノが作られるようになったわけではないのだ。

では、どうして僕たちはお金を使っているのだろうか？

お金が「2つのコミュニケーション力」を持っているからだ。

お金の「交渉力」と「伝達力」

現代では、お店に行ってお金を払えば欲しいものを手に入れられる。お金の存在しなかった社会では、どうやって欲しいものを手に入れていたのだろう。

古代エジプト社会でピラミッド建設を成し遂げたのは、王の絶対的な権力があったからだった。王の権力のもと、ピラミッド建設の統括責任者が全体の作業工程を考えて必要な労働力を見積もり、その労働力の確保に指示を出す。

工事が始まれば、必要な作業を現場の指揮官に伝える。さらに現場の指揮官が労働者たちに命令を伝えて働かせている姿が目に浮かぶ。

「今日の君たちの仕事は、他の班が切り出した巨石を採石場からナイル川の船着き場まで運ぶことだ。昼と夜には、いつもの広場で食事が振る舞われる。新しい服も支給される。がんばってくれ」

ピラミッド建設に関わる仕事だけでなく、食材の調達や調理、綿花の栽培から衣服の製作に至るまで、すべての仕事を事細かに命令していただろう。つまり、王の絶対的な権力と、確立された指示系統があったから、多くの人を働かせてピラミッドを完成させることができた。

しかし、エジプト王のような絶大な権力を持たない一市民が人に働いてもらうのは、簡単ではない。家族や仲の良い人たちには働いてもらえても、知らない人の協力を得るには交渉が必要になる。

その交渉は、貴重なものとの交換かもしれないし、暴力に訴えるような脅しかもしれない。「王の命令」も実は交渉だ。言葉には出さずとも、命令に背いたら大変なことになるのは誰もがわかっているから従っていた。

現代では、**絶対的な権力がなくても、言語の伝わらない外国にいても、相手が提示した価格さえ払えば他の人に働いてもらうことができる。**

この「交渉力」が、お金が持つ1つめのコミュニケーション力だ。

欲しいものを手に入れるときに、やるべきことはたった2つ。それを売ってくれるお店や働いてくれる人を選ぶこと。そして、自分の財布のお金を相手の財布に流すこと。それだけだ。

新国立競技場建設で必要だったのも「選んで、流す」ことだ。予算に合う計画案の中から、気に入ったものを選ぶ。請け負った建設会社に1500億円を流す。あとは、お金の流れに任せればいい。

その建設会社は、建築資材を作る会社を選んで、必要なお金を流す。土地を造成する会社を選んで、お金を流す。他にも手伝ってもらいたい会社を選んで、お金を流す。働いてくれる自分の会社の社員にもお金を流す。

さらに、建築資材を作る会社は、流れてきたお金の一部を社員に流し、材料を作る会社やそれを輸送する会社にも流す。

こうしてそれぞれの会社が、働いてもらいたい会社や自分の社員にお金を流していく。最終的にはどこかの鉱山で鉄鉱石を掘っている人たちにも流れていく。

新国立競技場の建設のために、全体でどれだけの労働を確保すべきかを認識している人はいないだろう。お金に任せていればそんなこと気にする必要はないからだ。

このように、**お金を流せば、自然に労働が集積され、どんな複雑なものも作り上げることができる**。これがお金のもう1つのコミュニケーション力、伝達力だ。

この交渉力と伝達力こそが、お金の持っている力だ。

無人島にいくときにお金を持っていく人はいないのは、コミュニケーションを取る相手がいないからだ。簡単に交渉や伝達ができる家庭の中でも、お金を使うことはほとんどない。

これで、冒頭の「なぜ、家の外ではお金を使うのか？」の理由がわかった。

家の外では、見知らぬ人に働いてもらわないといけないから、お金を使うのだ。

お金の持つコミュニケーション力が、見知らぬ人同士をつなげ、みんなが共に働いて支え合う社会を広げた。

「黄金のマスク」というものすごい「労働の浪費」

お金のおかげで社会は広がったが、その弊害がある。

コミュニケーションをお金に任せると、働く人が徐々に見えなくなるのだ。

ツタンカーメンの黄金のマスクには10kg以上の金《きん》が使われていて、材料だけでも1億円近い価値がある。現代の僕たちがこのマスクから感じるのは、エジプトの大いなる富だろう。

しかし、当時の人たちはまったく違う印象を受けていたはずだ。金《きん》のマスクを見て感じるのは、王の絶大な権力への畏《おそ》れだったに違いない。

ナイル川の底の砂を何キロもふるいにかけて、ようやく見つかる一粒の砂金。それを何百万粒、何千万粒も見つけないとマスクは作れない。このマスクを作らせるためだけに莫大な数の人々を働かせていることを知っているから、この王には絶対に歯向かってはいけないと感じるのだ。

時は流れ、金《きん》を手に入れるのに必要な物は権力からお金に変わったが、誰かの労働が必要なことには変わりがない。

しかし、労働の存在は忘れ去られかけていて、現代の僕たちは、素材の金《きん》自体が高価だと思っている。金《きん》だって、先ほどのステーキ肉と同様、人件費と利益でできている。多大な労働が存在するから価格が高くなるのだ。

金《きん》だろうと鉄だろうと、すべての原材料はタダで落ちている。普通に考えれば、誰もが金鉱石を拾いに行って大儲けしようとする。だが、金鉱石を拾うのは、鉄鉱石を拾うよりも圧倒的に大変だ。いろいろなところを何千メートルも掘ってみて、たまたま金鉱脈が見つかったとしても、何千メートル地下から掘り出して、地上まで運んでこないといけない。

さらに、石に含まれている金属の量も鉄鉱石とはまったく違う。良質の鉄鉱石であれば半分ほどが鉄でできているが、1トンの金鉱石の中に含まれる金《きん》の量は10g以下。10万分の1以下だ。金《きん》は大量の労働によって生産されているのだ。

僕たちはつい、お金を使ってモノが手に入ると感じてしまう。しかし、このときの「使う」は、「消費」ではない。自分の財布の外を見れば、お金は他の財布へ流れていることに気づく。

あなたが消費しているのは、お金ではなく、誰かの労働だ。

お金のむこうには必ず「人」がいる。あなたのために働く人がいる。

個人にとってのお金の価値とは、将来お金を使ったときに、誰かに働いてもらえることなのだ。

そして、その反対側には働かされる人が必ず存在する。社会全体にとって、お金（紙幣）を増やしても、価値が増えないのはそのためだ。そして、モノが手に入るのは、誰かが働いているからだ。お金は交渉に使われるだけで、必要不可欠ではない。家の外では必要なことも多いが、家の中では普通は必要ない。

ここまでの話を踏まえれば、羅針盤は次のように書き換えられる。

◇経済の羅針盤

○~~個人にとって、お金は価値がある~~

○~~社会全体にとって、お金自体には価値がない~~

↓

○**誰かの労働が、モノを作る**

○お金の価値は、将来、誰かに働いてもらえること

ここでは、わかりやすくするために「モノを作る」という表現にしているが、「何かの問題を解決する」という表現のほうが正確だろう。働く人たちの中には、モノを作らない人もいる。

医師や看護師のように医療サービスを提供する人もいれば、役人のように新しい教育制度を作る人もいる。共通するのは、僕たちの暮らしのために、何らかの問題解決

をしているということだ。モノを作ることも問題解決だ。お米を作るのは、栄養摂取の問題を解決しているし、スマートフォンを作るのも情報伝達の問題を解決している。みんなが働くことで、みんなの問題を解決している。

労働が「もったいない」

ある朝、インターフォンの音で目が覚める。おそらく、昨日ネットで注文した商品が届いたのだろう。でも、布団から出るのが面倒くさい。

「再配達はタダだし、あとでまた来てもらえばいいや」。そう思って居留守を使った。

このとき、あなたの財布からお金は出ていかない。しかし、財布の外側にいる配達員の労働は浪費される。労働も自然資源と同じで、ムダ遣いするのはもったいない。そのときに荷物を受け取っていれば、配達員の労働は節約できる。

昔に比べて僕たちの暮らしが豊かになったのは、労働を効率よく使えるようになったからだ。たとえば、白黒テレビが発売された当初、その価格はサラリーマンの給料5年分だった。今では、1ヶ月分の給料も支払えばもっと大きくて高性能のテレビを購入できる。

技術革新などの生産の効率化によって僕たちが受けている恩恵は、材料費や原価が安くなることではなく、「労働が節約できること」だ。

少人数で多くのものを生産できれば、多くの人に行き渡らせることができる。節約できた労働を、他のモノの生産に使うことが可能になる。200年前まで米を生産することで精一杯だった僕たちが、今ではさまざまなものを生産して利用しているのは、効率化のおかげだ。

そして、「労働がもったいない」と思わないと、自分たちを苦しめることになる。**僕たちは自分の労働を提供してお金をもらい、そのお金を使って誰かの労働を消費している。**

「働き方改革」が叫ばれているが、悪いのは会社だけではない。仕事を増やす原因を作っているのは、消費者でもある。会社だけでなく、僕たち消費者の意識を変えないと、自分自身のクビを締めることになってしまう。

しかし、一方で消費者の僕たちは、生産者の僕たちに文句がある。

「たしかに労働がモノを作っている。でも、払った金額が労働の量を表すわけじゃないだろう。その金額には利益も入っているんだから。利益を払いすぎて損をさせられているかもしれないじゃないか」

その通りだ。生産者の僕たちも、たくさん儲けようとして消費者の僕たちのクビを締めている。お互いクビを締め合っているのだ。

しかし、これは生産者だけが悪いわけではない。実は、価値判断に自信を持てなくなった消費者のせいでもある。

自分にとっての価値がわかれば、損することもないし、損していると感じることもなくなる。僕たちは、自分にとっての価値、つまり自分の幸せに向き合わないといけない。

次は、そういう話に移っていく。

第3話

価格があるのに、価値がないものは何か？

価格が価値を表していると信じていないだろうか。
お金の機能のひとつには、「価値尺度機能」があると言われる。
しかし、「価値」と「価格」は別物だ。この2つを混同していると、
僕たちは「自分の幸せ」を見失ってしまう。

QUESTION
4

1万円の福袋を買ったら、高価そうなジャケットが入っていた。
あなたは得をしたのだろうか、損をしたのだろうか?

A ジャケットの定価による

B ジャケットの原価による

C ジャケットを気にいるかどうかによる

ANSWER

C

ジャケットを気にいるかどうかによる

定価のタグが幸せを隠す

割引セールが多くの人を魅了するのは、良いものを安く買えると思うからだ。「8割引」の値札を見ると、欲しくないものでも手にとって見てしまう。

ある年のお正月、あなたは1万円の福袋を買った。家に帰ってワクワクしながら袋を開けると高そうなジャケットが1着入っていた。値札に書かれている定価はなんと20万円だった。ものすごい得をした気分になる。

でも、なぜか素直に喜べない。たしかに高そうなジャケットではあるが、いつもの自分なら買わないような派手な蛍光オレンジ色のジャケットだった。そうは言っても定価20万円の価値ある逸品だ。

たまに袖を通すが、気分が乗らない。デザインも色も好みに合わない。とはいえもったいなくて捨てられず、クローゼットにしまわれている。

このジャケットは、あなたにとって本当に価値のあるものだろうか?

それを判断するためには、2つの価値に気づく必要がある。

「使うときの価値」と「売るときの価値」

僕たちは、2種類の価値を使い分けて暮らしている。別の例で考えてみよう。

あなたは、友人が最近開業したワインショップを訪れる。そこで1本1万円のワインをすすめられたあなたは、友人への開店祝いの気持ちも込めて、そのワインを2本購入した。

家に帰って、早速1本開けて飲んでみた。正直、期待はずれの味だった。渋くて飲みにくい。とはいえ1万円もする高級ワインだ。これが高いワインの味なのだろうと自分を納得させる。

しばらくしてワインショップを再び訪れると、そのワインは値上がりして3万円になっていた。しっかりした渋味が評価されて価格が上がっているらしい。

「あのとき1万円で買っておいてよかったでしょ？」

友人が恩着せがましく言ってきた。得した気もするけど、なんかモヤモヤする。

残りの1本のワインの味が1万円の味から3万円の味にグレードアップしているわけではない。あのときの渋くて飲みにくい味のままだ。価格が上がってもワインはおいしくならない。価格とあなたの感じるおいしさは本来、関係がない。

ということは、1万円という元の価格も、あなたの感じるおいしさとは関係なさそうだ。この買い物で得をしたかどうかは、あなたの感じるワインのおいしさで決まる。支払った1万円という価格に込めた期待よりも、「あなたが」おいしいと感じれば、得をしたと感じられる。

僕たちが感じる価値の1つは、この「効用」と呼ばれる「使うときの価値」だ。

言い換えれば、**自分がどれだけ満足したか**ということだ。

先ほどのオレンジのジャケットも、価格ではなく効用を考えるべきだった。福袋を購入した1万円という価格も、ジャケットの定価20万円も関係ない。原価も関係ない。第2話で書いたように、原価を突き詰めていくと0円になるからだ。

ジャケットを着たときにどんな効用を得るのかが、あなたにとっての価値を決める。だから、今回の問題の正解は、AでもBでもなく、Cになる。


そして、**効用は人によって違う**。

「この服、着心地がいいんだよ」と言う人は、着心地がいいという効用を得ている。

「これ、かっこいいでしょ」と言う人は、自己表現できるという効用を得ている。

「このジャケット、20万円もするんだよね」と周りに価格を自慢する人もいるだろう。しかしこの人にとっての価値も、価格ではなく効用だ。「高い価格を他の人に自慢できる」という効用を20万円のジャケットから得ている。

薬を使うときに感じる価値は、もっとわかりやすい。薬の効用は、病気が治ることや症状が快方に向かうことだ。「毎日5万円の治療薬を飲んでいるんだよ」と喜んでいる人は見たことがない。

僕たちは、多くのお金を使うことではなく、多くの効用を得ることで自分の生活を豊かなものにしている。どんなに価格が高くても、あなたにとっての効用がなければ意味がない。

そう思えれば、「1万円で買っておいてよかっただろ?」と得意げな顔をしていた友人の発言は見当違いだとわかる。ちょっと怒りすら覚えるかも知れない。

ところが、その友人の次のひとことで、事態は一変する。

「もしよかったら、残っている1本のワインを3万円で買い取るよ」

あなたの怒りが急におさまる。1万円で買ったワインを3万円で買い取ってもらえば、2万円得することになるからだ。このとき、あなたのワインへの評価は「おいしくないワイン」から「3万円のワイン」に変わる。

これがもう1つの価値である、モノを「売るときの価値」。つまり「価格」だ。

モノを売る人にとっては、味がおいしいかまずいかなどの効用は関係ない。受け取るお金のことだけ考えればいいのだから、重要なのは価格になる。

つまり、**価格とは、商売人にとっての価値だ。**

そういう意味では、1万円の福袋のジャケットが気に入らなくても、誰かに高く売ることができれば、得することはありえる。もし、D「ジャケットがいくらで売れるかによる」という選択肢があれば、それも正解になりうる。

このように「効用」と「価格」という2種類の価値の存在が僕たちを惑わせる。

価格に潜む罠

生活を直接的に豊かにするのは、「使うときの価値」である効用だ。効用を増やせば生活は豊かになる。問題は、この効用を測るのが難しいことだ。

今日はカレーライスを無性に食べたいと思っていても、明日にはカレーライスよりも天ぷらそばを食べたいと思う。自分の中ですら変化する効用を、他人と共有することは困難だ。

それに比べて価格はわかりやすい。数字だけでモノの価値を表してくれる。だからこそ、社会全体の価値について考えるときなどの客観的な評価が必要な場合は、価格を価値として考える。「経済的価値」とか「資産価値」などは、すべて「価格」を意味している。

生活を豊かにするのは効用のはずだけど、**効用を測定することができないから、価格というモノサシでとりあえず代用しているのだ。**

しかし、この客観的で便利なモノサシに慣れると、自分が感じる効用を見失ってしまう。1万円の価格のモノには、1万円に相当する効用があるような気がしてくる。

ここから、生産者と消費者のクビの締め合いが始まる。

テレビでも雑誌でもインターネットでも、会社の広告を見ない日はない。会社は、商品の良さを説明したり、有名人に商品を使ってもらったり、会社の良さをアピールしたりして、なるべく多くのお客さんに買ってもらうための宣伝活動をする。

隣の家で美味しいパンが売られていても、看板がなければ売られていることに気づけない。誰も買ってくれなければ、どんなにおいしいパンでも誰も幸せにすることができない。生活を豊かにする商品を幅広い人々に知ってもらうことは、社会全体の効用を増やすことにもつながる。宣伝活動は、悪いことであるはずがない。

ところが、マーケティングやブランディングという名の元に「価値の水増し」を行う人たちも存在する。商品の効用を高める努力をすることなく、高い価格を提示することで、それと相応の「価値」があることを消費者に信じ込ませるのだ。「価格のモノサシで価値を測っている消費者たちは、価格が高ければ高いほど価値があると思ってくれる」と彼らは踏んでいる。

着心地や快適さ、デザイン性を高めたジャケットを作らなくても、高価な値札さえつければいい。5000円のジャケットには5000円の価値しかないと思い、20万円のジャケットには20万円の価値があると信じてくれるのだから。「このジャケット、20万円するんだよね」と周りに自慢して喜んで買ってくれる。

20万円のジャケットなんてバカバカしいと思っている消費者も、バーゲンセールで8割引で売られていたら思わず足を止める。1万円の福袋に20万円のジャケットが入っていれば大喜びしてしまう。価格の罠にはまってしまうのだ。

価格のことばかり気にしていると、自分にとっての効用が二の次になる。「お買い得」の意味が、効用の高い商品を安く買うことではなく、価格の高い商品を安く買うことだけになる。

家電量販店の大型テレビの値札に「大特価１２９，０００円！（定価：20万円）」と書いてあればお買い得だと感じるだろう。一方、「大特価１２９，０００円！（定価：オープンプライス）」と定価が書いていないと、お買い得かどうか不安になる。

大事なのは、元の価格ではないのに。その商品によって自分の生活がどれだけ豊かになるか、なのに。

これは非常に困った事態だ。

消費者である僕たちが「定価が価値だ」と信じていると、生産者である僕たちがどんなに効用の高いモノを作っても「お買い得」だと思ってもらえない。

そうなると、生産者である僕たちが選ぶ道は２つしかない。作ることをやめるか、定価を上げて消費者をダマそうとするかだ。いずれにしても、効用の高い商品を作ろうとする意欲が削がれていく。

一人ひとりの消費者が、価格のモノサシを捨てて、自分にとっての効用を増やそうとしないと、生産者も消費者も幸せになれない。

そもそも、価格と効用はほとんど関係ないのだ。

どうしてお金を使っているのかを思い出せば、その理由は明白だ。

価格は「好意」に反比例する

お金が持っている力の1つは「交渉力」だった。エジプトの王のように権力を持たない僕たちは、お金を払うことでみんなに働いてもらっている。価格が存在する理由はそこにある。

コンビニのおにぎりが100円で、家族が作るおにぎりがタダなのは、効用の差ではない。家族が作るおにぎりは、まずいからタダなのではなく、お金を払わなくても働いてくれるからタダなのだ。知り合いのおばちゃんの弁当屋がいつもあなたに値引きしてくれるのは、あなたに作った弁当だけおいしくないからではない。あなたに好意的だからだ。

喜んで働いてくれる人には、お金による交渉は必要ない。働きたくない人に働いてもらうときほど、強い交渉が必要になる。その結果として価格が高くなる。極端な話をすると、みんなが他の人のために喜んで働くなら、価格は存在しなくなる。

つまり、**価格の高さは、「どれだけ働きたくないか」を表している。**

働きたくなくて価格を上げる理由はさまざまある。あなた自身が誰かのために働くことを考えてみよう。次ページの図を見ていただきたい。

ほんとうは休みたいときに働いてほしいと頼まれたら、いつもより高い金額を要求する(①)。だから、休日の旅行料金は高くなるのだ。サービスの質が上がるわけではない。

編み物をしたことのないあなたがマフラー作りを頼まれたら、大変だし、完成するまでに相当の時間がかかる。そんな仕事を引き受けたくないから、もし引き受けるなら高い金額を要求する(②)。もちろん、品質は良くない。

ここで、あなたが編み物教室に通って技術を習得すれば、短時間で編み上げることができる。すると、以前よりも少ないお金で働いてもいいと思うかもしれないし、マフラーの品質も向上する。先ほどの話に出てきたテレビの生産効率が上がった話と同じだ。技術革新によって労働が節約できるようになった上に、テレビの性能が格段に上がった。その点を考えても、価格が効用を表してないのは明らかだ。

次に、あなたが強欲で、お金をたくさんもらえないなら働きたくないという場合。

価格の高さは、効用の大きさを表すのか?

価格を上げる理由	起きる事象の例	価格と効用の相関
① ほんとうは休みたい	休日料金	×
② 得意じゃない	生産効率の上昇	×
③ もっとお金が欲しい	マーケティング	×
④ 評判が良くて忙しすぎる	需要と供給の調整	△

あなたは自分の働きに関係なく多額のお金を要求する(③)。ジャケットの価格を20万円にして売るケースと同じだ。もちろんこの場合も、価格は効用を表さない。

さて、この表の中で、価格の高さと効用の大きさの間に相関があるとすれば、最後の④だけだ。あなたの仕事の評判がとてもよくて、今の料金では仕事が集まりすぎて回らないから、価格を上げる場合。とはいえ、感じる効用は人それぞれだ。中にはあなたの仕事ぶりに満足しない人もいる。その場合でも、高い価格だからといって高い効用を得られるとは限らないのだ。

このように考えてみると、多くの場合、

価格と効用は別物なのだ。

価値を決めるのは自分自身

さて、ここまでの話で、「お金を払って働いてもらう場合にだけ価格が存在する」ということがわかった。価値があっても、僕たちが自由に使えるものや、お金を払わなくても働いてもらえる場合は、価格が存在しない。存在する必要がないのだ（これ以降、特に説明なく「価値」と書く場合は、「価格」ではなく「効用」を指す）。

空気、海の見える風景、自然の中にあるものすべて、治安の良さ、医療制度、手作りのマフラー。そういうものには価格は存在しない。しかし、大いなる価値が存在している。価格と価値はまったく別の軸で測られるのだ。

左の表を見てもらいたい。価格の有無と価値の有無で4つに分けたとき、それぞれに当てはまるものを考えた表だ。

おそらく3つはすぐ見つかるだろう。「価格があるのに価値がないもの」を見つけ

価格があるのに価値がないものは何か？

	価格のあるもの	価格のないもの
価値のあるもの	テレビなど	手作りのマフラーなど
価値のないもの	?????	道ばたの石ころなど

るのに、てこずるかもしれない。でも、いくらでもあるはずだ。「あなたにとって価値がないもの」を当てはめればいい。

1万円のワインでもいいし、20万円のジャケットでもいい。価格に価値を感じる必要はない。それは売る人が勝手に押し付けている数字でしかない。

価値を決めるのは、あなた自身だ。道ばたの石だって、あなたにとっては価値のあるものかもしれないし、テレビはあなたにとって価値のないものかもしれない。

一人ひとりが自分だけのモノサシを持っていればいいのだ。

お金を増やすとは誰かの幸せを増やすこと

テレビの中で、有名な大物俳優が目隠しされている。

彼の目の前に並んでいるのは、2杯のワイングラス。片方には1本1000円のワイン、もう一方には1本10万円のワインが入っているようだ。香りと味だけを頼りに、高いワインがどちらなのかを当てようとしている。

ここで、その大物俳優が1本1000円のワインを「おいしい」と言って褒めちぎると、周りの人は笑い出す。

「1000円と10万円の味の違いがわからないの?」と。

でも、彼を笑っていても、あなたは幸せになれない。

あるワインのソムリエが、こんな話をしていた。

「1本10万円のワインは、いいワインです。いいところを100個も200個も持っています。1本1000円のワインも、いいワインです。1個か2個はいいところがあります。1000円のワインがおいしいと感じる人は、味がわからない人ではありません。その逆です。たった1個か2個しかない、いいところに気づくことのできる幸せな人です。いいワインかどうかは、あなたが決めればいいのです」

1000円のワインの価値は、1000円ではない。誰かを幸せにする効用だ。

あなたはお金をもらって働いている。何らかのモノを作ったり、何らかの問題を解決している。その仕事から生み出される効用が誰かを幸せにしている。

お金のむこうに人がいる。あなたが幸せにしている人が、必ず存在している。

経済の羅針盤に1つ項目が加わった。

経済の羅針盤

◎—誰かが働いて、モノが作られる

◎—**モノの効用が、誰かを幸せにする**

〜〜〜〜〜〜〜〜〜〜〜〜〜〜〜〜

○—お金の価値は、将来、誰かに働いてもらえること僕たちは、お金が存在してもしなくても、みんなでモノを生産して、それをみんなで分かち合って生きてきた。お金がなかった時代は、みんなで何を生産するかは権力者が決定していた。お金のある現代では、お金を使う人それぞれが決定しているのだ。多くの人が買うものは生産され続け、誰も買わないものは生産されなくなる。

もし、僕たちが価格の高いものに価値があると信じるなら、ただ価格の高いものが生産され続ける。価格の存在しない自然が壊されても、気づくことすらできない。

一人ひとりが自分だけのモノサシを持てば、自分の幸せに直結するお金の使い方ができる。そして、価値あるものが生産され続けることにもつながる。自然に価値があると感じる人が多ければ、自然が壊されることも減っていく。

お金という「糸」と「壁」

第2話で、消費者である僕たちがモノを買うときに使っているのは、お金ではなく誰かの労働であることがわかった。そして、この第3話で考えてきたように、モノの価値は、価格ではなく効用だ。効用が僕たちの生活を豊かにしてくれる。

つまり、**みんなが働くことで、みんなが幸せになる。**家の中でも外でも変わらない。

これこそ本来の「経済」の目的なのだ。

僕たちの使うお金は、「みんなが働くことで、みんなが幸せになる」という経済の目的を果たすための1つの道具でしかない。

経済の羅針盤では、「誰かが働いて、モノが作られる」「モノの効用が、誰かを幸せにする」の2つが何より重要だ。お金の話は道具の説明でしかない。家庭内のようなお金を使わない経済では役に立たない。そのため、先ほど更新した羅針盤では、この2つの項目とお金の話を◎と○で区別した。

さて、このお金という道具は「糸」として機能する。見知らぬ生産者と見知らぬ消費者を結びつけてくれる。しかし、お金は「壁」にもなりえる。見知らぬ生産者と見知らぬ消費者を分断して、相手の存在を隠してしまう。「お金のむこうに人がいる」ことに気づければ、その壁は薄れ消えて、糸の存在が明確になる。そして、僕がこの本の冒頭6ページに書いた「ざるそばの謎」をようやく考えることができる。

「お金が偉いのか、働く人が偉いのか？」

この認識の違いが生まれる理由がわかれば、僕たちの進むべき道も見えてくる。

第4話

お金が偉いのか、働く人が偉いのか？

現代社会では、お金を中心にして経済を捉えることが
あたりまえになっている。しかし、お金だけ見ていると、
お金が問題を解決していると錯覚してしまう。

QUESTION

5

子どもが学校で勉強できるのは誰のおかげだろうか？

A

保護者や政府など、お金を出してくれる人のおかげ

B

学校の先生や事務員など、働いてくれる人のおかげ

C

AとBは経済の捉え方の違いで、どちらも正しい

ANSWER

C

AとBは経済の捉え方の違いで、どちらも正しい

働く人VSお金を出す人

「誰のおかげで学校で勉強ができると思ってるんだ！」

ひと昔前、親から説教を受けるときに、よく使われていた決まり文句だ。今でもあるかもしれない。

「それは学校の先生でしょ」なんて反論してしまうとたいへん面倒なことになる。親が求めている答えは「親のおかげ」だということを前提に、黙って説教を聞いておいたほうが賢明だ。

この問いはつまり、「お金を出す人」のおかげか、それとも「働く人」のおかげか、という問いだ。

ここで、お金を出す人のおかげと考えるのは経済の話で、働く人のおかげと考えるのは道徳的な話だと思われがちだ。でも、ここまでに考えてきた話をふまえれば、働く人のおかげと考えるのも、経済の話なのだ。

どちらのおかげと考えるかは、経済の捉え方次第になる。

僕たちは異なる2つの軸から経済を眺めている。それは空間軸と時間軸だ。

自分の財布の外には、社会が広がっていた。社会という空間で経済を眺めると、誰かが働くことで誰かが幸せになっていることがわかった。

この視点だと、学校で勉強ができるのは学校の先生のおかげに思える。先生だけではなく、学校の事務員、通学で乗っているバスや電車の運転手など、みんなが働いてくれるから子どもは学校で勉強することができる。つまり、空間軸で経済を眺めると、人を中心に経済を捉えることができる。

しかし、僕たちの頭には、もう1つの経済の捉え方が染み込んでいる。

「学校で勉強できるのは誰のおかげか」と聞かれて真っ先に頭に浮かぶのは、親などの保護者の顔ではないだろうか。働く人ではなく、お金を出す人のおかげだと考える。

このときの意識は、財布の外ではなく財布の内へ向いている。

保護者が働いて稼いだお金が家庭の財布に入り、その財布から学費が出ていく。だから保護者のおかげだと考える。国立競技場も1500億円という予算を国がつければ、完成した気になる。歴史のテストで「大阪城を建てたのは誰か?」と聞かれて、「大工さん」と答えてはいけない。「豊臣秀吉」と答えないと丸はもらえない。

自分の財布の中に意識を向けているとき、同じ空間にいる働く人たちの存在は見えなくなる。その代わり、僕たちは何を見ているのか。それは「時間」なのだ。

財布の外に空間が広がっていたように、財布の中には自分の時間が広がっている。

財布の中に広がる自分だけの時間

お金が存在しない時代は、「今」を生きるのに精一杯だった。

それは**「労働を蓄積すること」**が困難だったからだ。

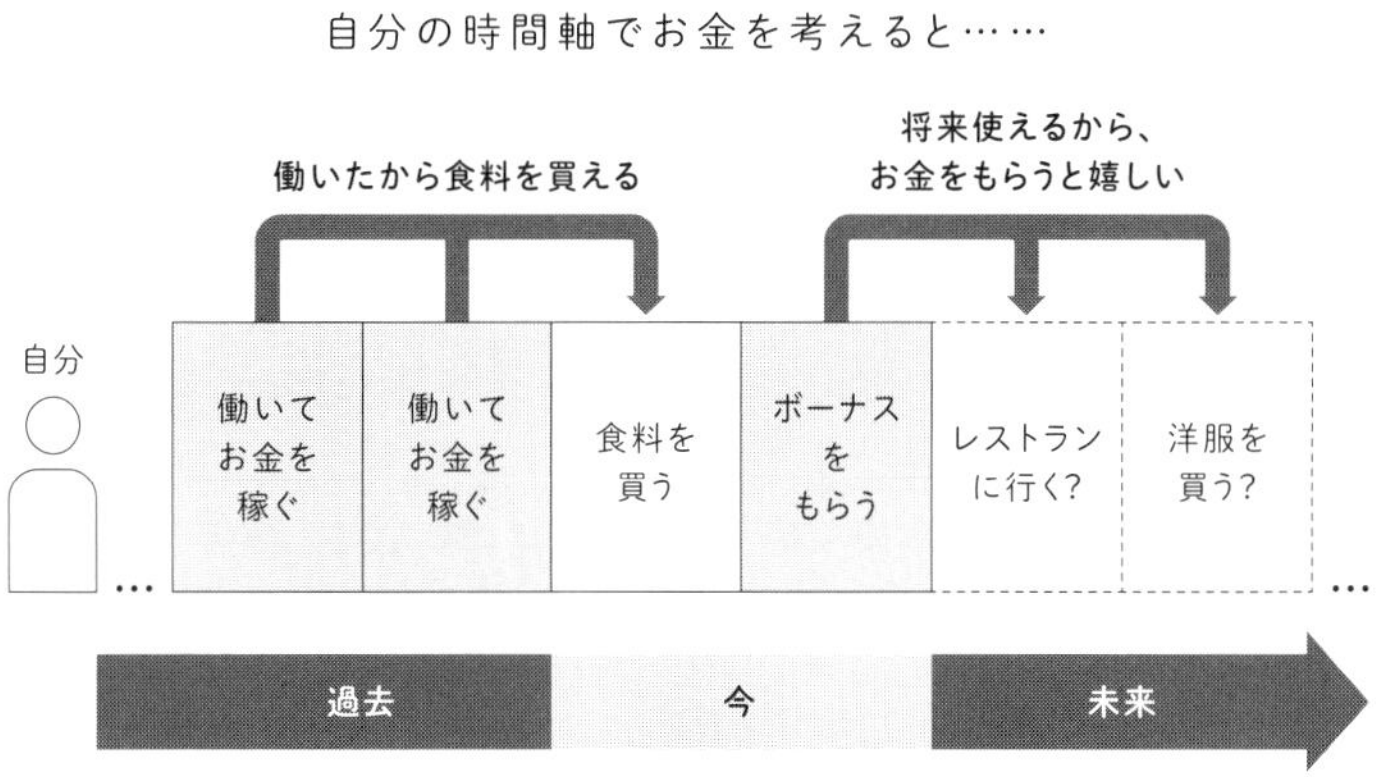

たくさん狩猟しても、肉や魚は数日で腐ってしまう。農耕するようになっても、穀物を蓄えておけるのはせいぜい数年。労働を長期的に蓄積することができず、自分が働けなくなったら家族や友達や周りの人に食べさせてもらうしかなかった。

ところが、お金が発明されて状況は一変する。自分の「未来」を考えられるようになった。元気に働けるときに労働を提供してお金を貯めておく。将来、働けなくなったときは、そのお金を使って食料を買えばいい。「今」だけを考えて暮らす生活から抜け出し、「未来」を手に入れることができるようになった。

自分の過去の労働が今の生活を支え、今の労働が未来の生活を助ける。それによって上の図のように、自分だけの時間の中に因果関係を見出すようになった。

過去の自分が働いたから、今、食料を買えると考える。お金をもらうと嬉しいのも、自分の未来を想像するからだ。そのお金を使えば将来、レストランに行ったり、服を買ったりできる。

もし1時間後に死ぬことがわかっていたら、お金をもらうことよりも、おいしいものを食べることを選ぶだろう。自分の将来がなくなると、自分にとってのお金の価値は消える。お金自体に効用はないが、お金を使うことで得られる将来の効用を想像して、お金に価値を感じているのだ。

お金を借りれば、未来の自分にも働いてもらうことができる。他の人に助けてもらわなくても、過去や未来の自分に助けてもらえばいい。時間軸上にいる自分同士で助け合って生きていける。そう考える。

この経済の捉え方には、問題が1つある。自分とお金以外登場しないのだ。その結果、「自分ひとりの世界を生きている」と感じてしまう。

「自分が」と「みんなが」で答えは変わる

第1部の冒頭の問題を間違えてしまう理由は、まさにここにある。
もう一度、問題を見てみよう。

QUESTION 1

すべての人が日曜日に休もうとしている。そのための準備として、ふさわしくないのは次のうちどれだろうか？

A　平日のうちに、学校の宿題や課題を終わらせておく
B　平日のうちに、洗濯や掃除などの家事をしておく
C　平日のうちに、バイトや仕事をして使うお金を貯めておく

正解 C 平日のうちに、バイトや仕事をして使うお金を貯めておく

この問題文の主語が「自分が」であれば、Cもふさわしい選択肢になる。ところが、この問題の主語は「すべての人」だ。

財布の中だけを見ていて、「自分ひとりの世界を生きている」と感じていると、みんなが別々の世界を生きているものと思ってしまう。でも当然、この世界には他の人たちもいて、一人ひとりが働いてお金を貯め、貯めたお金を使って生活をしている。

日曜日にあなたがお金を使うためには、もちろんお金を貯めておくことも必要だが、日曜日にお金をもらって働く人の存在が不可欠だ。「すべての人」がお金を使うとき、働く人がいなくなる。コンビニもレストランも稼働しない。映画館も開いてなければ電車にも乗れない。

働く人がいなければ、お金の力は消えるのだ。

この問題の「日曜日」を「老後」に置き換えると年金問題に置き換わるのは、すでに話した通りだ。

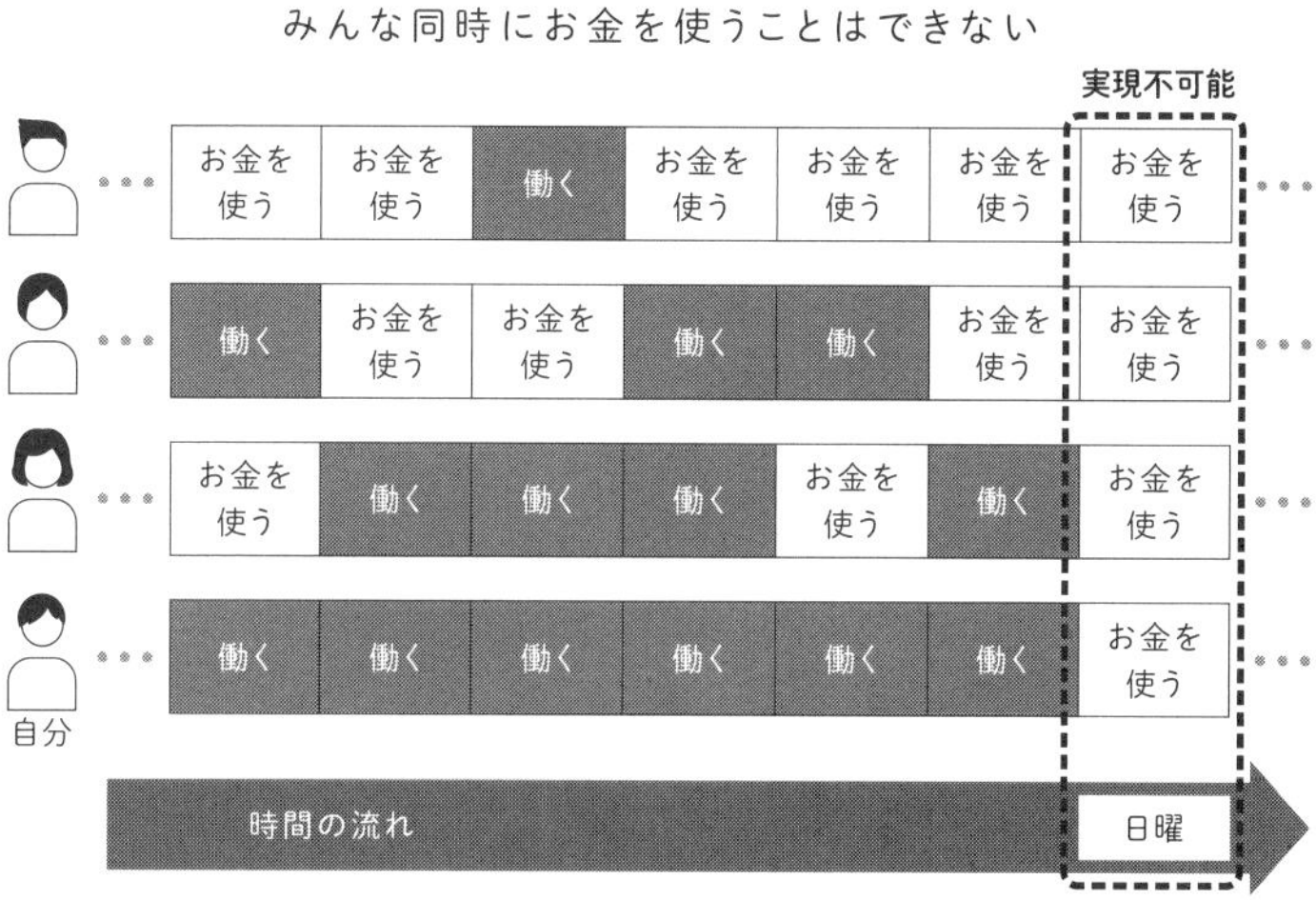

みんながお金を握り締めて老後を迎えても、働く人がいなければどうすることもできない。みんなが上手に資産運用してお金を増やしたとしても、年金問題は解決しない。働く人が減ってしまうからだ。

財布の中だけを見ていると、身の回りの問題から社会問題に至るまで、お金が問題を解決していると信じて疑わなくなる。

生活を支えていた「タダの労働」

これが50年くらい前であれば、そんなことはなかった。当時は、お金以外の解決方法が存在していたからだ。それはタダの労働だ。

その頃の日本では、正月はみんな休んでいた。どこの家庭でもおせち料理やお餅など保存食を蓄え、家の中で過ごした。正月旅行に行ったり、福袋を買いに出かけたりすることもない。他の人を働かせないために、それぞれが家で過ごす。保存食を食べることで家事を減らし、家族も含めみんなが休むことができた。

当時の人には「休むためにお金を貯めておこう」という発想は少なかっただろう。他の人が働くことが自分の生活を支えていると実感していたからだ。

特に農村部では地域のつながりが強かった。みんなで冠婚葬祭の準備を手伝ったり、忙しい収穫時期にはお互いの農作業を手伝ったりした。家庭も今より大家族で、家事の量もずっと多かった。困ったときに助けてくれるのはお金ではなく、家族や地域の人たちだ。価値のあるタダの労働を、すぐ近くに感じていた。

しかし、この数十年で社会は大きく変わり、家庭や地域でタダの労働は激減した。家庭内に残っていた家事も、家電を使うようになって負担は減り、裁縫やクリーニングなど、お金を払って解決する家事も増えた。

小さい子どもの面倒を見てもらうときも、家族や親戚や近所の人にお願いするのではなく、お金を払って託児所に預ける。おせち料理も、自分たちの労働ではなくお金によって解決する問題に変わった。**多くの労働をお金で買うようになった**のだ。

さらに、金融の発達によって、お金で自分自身を助ける手段が増えた。保険に入っておけば将来困ったときに自分を助けられる。ローンを組めば将来の自分に助けてもらって家を建てられる。お金を上手に運用すれば50年先の将来設計だってできる。

時代とともに、労働とお金に対する見方は大きく変わった。価格のない労働によって地域の人が助けてくれた時代なら、労働がもったいないという発想が存在した。

しかし現代では、自分を助けるのはお金だ。もったいないものは労働からお金に変わった。さらに、1クリックでモノが買えるようになり、労働の存在がどんどん見えなくなりつつある。

そして、自分がタダの労働を提供する時代なら、その目的はお金ではなく相手の幸せだった。しかし、**ほとんどの労働に価格がつくようになると、労働の目的は、お金と切り離せなくなる。**相手の幸せを考えるよりも、相手に多くのお金を払わせることが目的になっている人たちもいる。

「お金中心の経済学」から「人中心の経済学」へ

ここで紹介した2つの経済の捉え方は、左の図のようになる。

お金を中心に考える従来の経済学では、ひとりの時間軸の上で因果関係を考える。お金を稼いだからお金が使える。お金を使うためにお金を稼ぐ。現在のあなたが、お金を使って働いてもらえるのは、過去の自分が働いて稼いだからだと考える。

それに対して、この第1部で考えてきたのは、ある時間において、みんなが生きている空間の中で因果関係を探すことだ。現在のあなたがお金を使えるのは、同じ空間の中に働いてくれる人がいるからだと考える。その人たちが働くことによって、あなたの生活が豊かになる。人中心で考える経済学だ。

人を中心に考える経済学

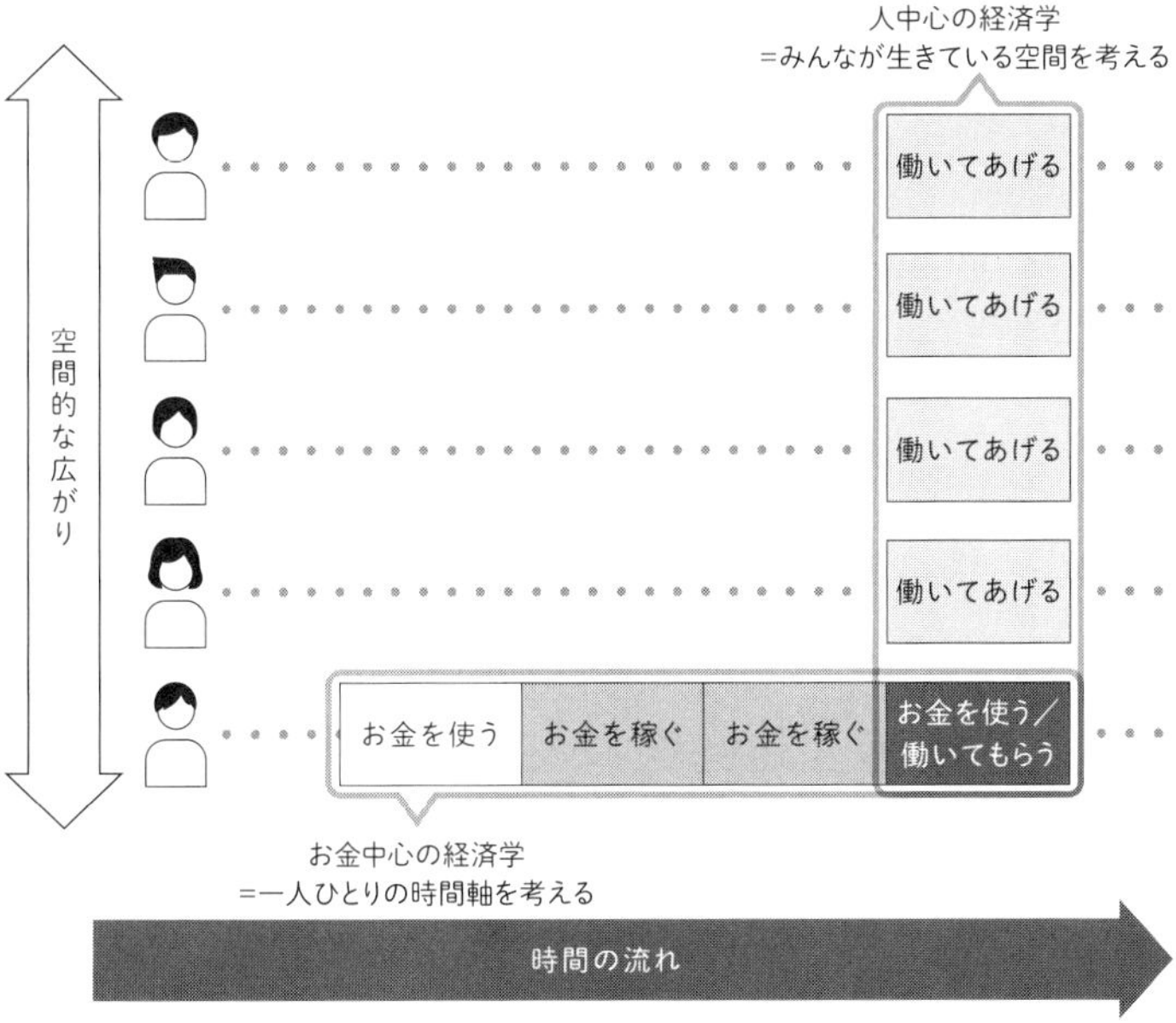

もちろん、お金という発明がもたらした功績は非常に大きい。お金によって、見知らぬ人に働いてもらうことが可能になった。社会を地球規模にまで広げた。多くの人が結びつき、多くの人が支え合う社会を実現してくれた。

ところが、現代社会においてのお金は、他の人の存在を隠す「壁」のような存在になってしまった。「自分ひとりの世界を生きている」と感じてしまっている。この壁を取り払って他の人の存在に気づかないと、自分のことだけを考えがちになり、社会全体で支え合うことができずに、結果的にみんなが困ってしまうことになる。

第1話から第3話まで、財布の外の社会について眺めてきて、羅針盤の中身は次のようになった。

▼経済の羅針盤

◎誰かの労働が、モノを作る

◎モノの効用が、誰かを幸せにする

→**「誰が働いて、誰が幸せになるのか」を考えることが重要**

○お金の価値は、将来誰かに働いてもらえること

経済について考えるとき、この羅針盤さえあれば他に予備知識は必要ない。「お金」

に惑わされず、**「誰が働いて、誰が幸せになるのか」**を考えればいいだけだ。大事なのは、みんなが生きている空間を意識して経済を捉えることだ。

経済と道徳が相入れない水と油のように感じたり、直感的に経済を捉えるのが難しかったりするのは、空間を意識して経済を捉えていないからだ。

ここから先の第2部では、「お金中心の経済学」から「人中心の経済学」にシフトして、空間的に経済や社会を見つめ直していく。

すでに経済についての固定観念を持っている人に、解いてもらいたい謎がつまっている。

たとえば、「みんなが日曜にお金を使うことは不可能だ」という話をした。しかしそれ以前に、「みんながお金を貯めること」も不可能なのだ。

まずは、そこから考えていこう。

第2部

「社会の財布」には外側がない。

QUESTION

6

社会全体のお金を増やすにはどうすればいいだろうか？

A 銀行に預けて利息をもらう

B みんなが働いてお金を稼ぐ

C 基本的には増やすことはできない

ANSWER

C

基本的には増やすことはできない

「僕たちの社会の目的は、お金を増やすことではない」

これもまた、道徳ではなく経済の話だ。自分の幸せを追求するために一人ひとりがお金を増やそうとするのはもっともなことだ。僕だって増やしたい。

だけど、社会全体の目的として、お金を増やすことは正しくない。いや、目的にすることができない。新たに紙幣を印刷でもしない限り、全体のお金の量は増えない。

もちろんあなたの財布の中のお金は、増えたり減ったりする。働いて稼いだり、投資をして儲ければお金は増える。反対にお金を使えば、財布の中のお金は減る。

あなたの財布の中のお金を増やせるのは、「財布の外」が存在しているからだ。財布の外にあるお金が、あなたの財布の中に入ってくるから、お金が増える。

ところが、社会の財布には外側が存在しない。

社会全体を包み込む大きな「社会の財布」があって、その中に小さい財布がいくつもある状態を想像してほしい。働いて給料をもらうとき、あなたの財布に入ってきたお金は、会社の財布から出て行ったお金だ。社会の財布の外から入ってきたわけではない。

あなたが洋服を買ってお金を払うとき、財布から出て行ったお金は、洋服屋さんの財布に入っていく。これも、社会の財布の外には出て行かない。

銀行の利息も、税金の支払いも、どんなお金のやり取りも、誰かの財布と誰かの財布の間に起きているお金の移動でしかない。

第2部では、まず、「お金は増える」と錯覚する理由について考える。そして、社会全体でお金を増やせないなら、投資は何のためにするのか、経済は何のためにあるのかを考えていく。

第 5 話

預金が多い国がお金持ちとは言えないのはなぜか？

個人が保有する預金額が多い日本。
しかし、それは「お金持ちの国」であることを意味しない。
預金の裏側にある存在に気づけば、その理由が見えてくる。

QUESTION
7

社会全体の預金を増やすために必要なことは何だろうか？

A　たくさん働いてたくさんお金を稼ぐ

B　お金を投資に回さずに預金として銀行に眠らせておく

C　誰かに借金をしてもらう

ANSWER

C

誰かに借金をしてもらう

お金は増えない

日本国内の預金は増え続けているらしい。

「日銀が発表した資金循環統計によると、2020年12月末時点の個人と企業の預金残高は1253兆円（内訳は個人955兆円、企業298兆円）と、過去最高を更新した」

このニュースから受け取る印象は、いろいろあるだろう。

「誰がそんなにお金を持っているんだ？」

「日本は、お金持ちの国だ」

「日本人は、勤勉だから預金が多いんだな」

「銀行に眠っているお金を、もっと投資に回すべきだ」


共通しているのは、誰もが、預金が増えることは「お金が増えること」だと思っている。そして、お金が増えることをあたりまえのように受け入れている。

だけど、お金は増えたりはしない。

33ページの「肩たたきチケット」の話を思い出してほしい。あなたの発行したチケットは10枚だった。どんなに多くても肩たたきをさせられる回数は10回だ。もし、その回数が10回を超えることがあったらたまったものじゃない。間違いなく、偽物のチケットが紛れていることになる。

紙幣についても同じことが言える。

現在、日本で発行されている紙幣、つまり現金の量は約１２０兆円。それ以上にお金が増えるはずがない。

だけど**「預金という信用創造によってお金が増える」**と専門用語で説明されると、なるほどお金は増えるのかと錯覚してしまう。ここで僕たちを錯覚させているのは「信用創造」という四字熟語ではない。誰も疑うことのない**「預金」**という言葉のほうだ。

ここに、金融最大のトリックが隠されている。

「預かる」という言葉のトリック

子どもの頃のお正月の楽しみが、お年玉をもらうことだった人も多いだろう。おじいちゃんやおばあちゃん、親戚のおじさんやおばさんに会うと、かなりの額が貯まる。そしてたくさんお年玉をもらうと、お母さんが必ずこう言う。

「あなたがムダ遣いしないように、預かっておいてあげるね」

合計10万円のお年玉をもらったあなたは、その全額をお母さんに預けることにした。

お母さんは、そのお金を新しい封筒に入れてどこかにしまっておこうとする。

そこに、お父さんが現れた。

「車の修理代が必要なんだ。8万円貸してくれないかな？」

お母さんは「利息をつけて返してくださいね」と言いながら、さっきの封筒の中から8万円を取り出して、お父さんに渡そうとする。

それを見ていたあなたは怒り出す。

「勝手に使わないでよ！　ちゃんと銀行に預けておいてよ！」

あなたの怒りはもっともだ。お母さんが保管してくれると思った自分のお金が、目の前でお父さんに渡されようとしている。さらに、利息をとって儲けようとしているではないか。

もし、お母さんが、あなたのお金を「保管」しているのではなく、あなたからお金を「借りている」のであれば文句は言えない。借りたお金をお母さんがどう使うかは自由だからだ。

しかしお母さんは「預かっておくね」と言った。あなたは「保管してくれる」ことを期待していた。そしてあなたは最後に「銀行に預けておいてよ！」と言った。

果たして銀行はお金を「保管している」のだろうか？

銀行の主な役割は2つある。

①預金者から預金を集める
②お金が必要な人にお金を貸し付ける

この銀行の役割は、お母さんの行動とまったく同じだ。

①子どもから10万円の預金を集める
②お父さんに8万円を貸し付ける

「預かっといてあげるね」と言ったお母さんは銀行と同じ役割を果たしていた。「銀行に預けておいてよ」とあなたが怒るのは、まったくの筋違いだったのだ。

銀行は「預かる」といいながら、保管料を取るわけでもなく、利息を預金者に払ってくれる。これは、銀行がお金を「借りている」ことに他ならない。あとは、預金者の引き出しに応じられれば、「預かるフリ」に成功する。

僕たちは、お金を銀行に「保管」してもらっているのではない。貸しているのだ。

では、「預金が増える」ということは何を意味しているのか？

現金以上に預金を増やせるのは、どうしてなのか？

ここから少し、人々を勘違いさせる銀行のしくみを見ていく。

金庫の裏側には「隠し扉」がある

「預金」という言葉を考え出した人は天才だ。

もし「貸金」と呼んでいたら、返済してもらえるのか心配になるが、「預金」という言葉には安心感がある。鉄壁の防犯システムを誇る銀行の地下金庫で、僕たちのお金がしっかりと保管されているようにイメージできる。

ところが、銀行は僕たちのお金を保管しているわけではない。銀行の金庫の中に、僕たちのお金は入っていない。

仮に、日本に銀行が1つしかなくて、その銀行が堅牢な地下金庫を管理していることを想像してみよう。

誰かが預金をすると、金庫の正面にある大きな扉が開けられて、現金が運び込まれ保管される。その扉には、「預金専用」と書かれている。

10人の預金者がそれぞれ100万円を預ければ、銀行の預金残高、つまり預金者全体の預金残高は1000万円になる。

預金が引き出されると、正面扉から現金が外に運び出され、銀行の預金残高が減る。100万円引き出されれば、銀行の預金残高は900万円になる。正面扉の現金の出入りを見ていれば、銀行の預金残高を把握することができる。

銀行の金庫

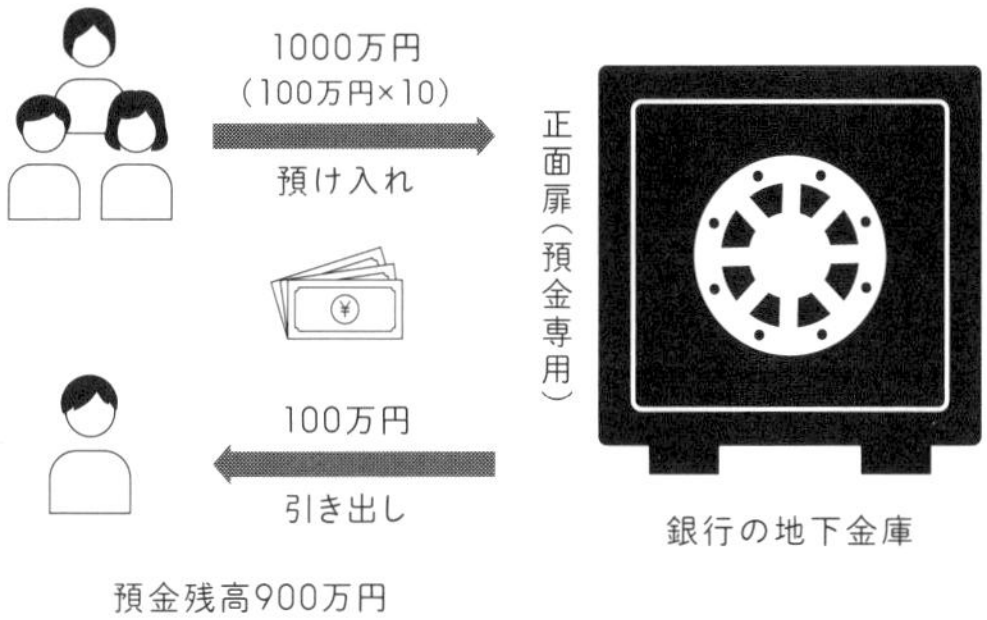

この預金残高９００万円は金庫の中に入っていると思って、金庫を開けてみると１００万円しか入っていない。８００万円がどこかに消えているのだ。

実は、金庫の裏には隠し扉がついていて、そこからこっそり札束が運び出されている。この裏の扉には、「貸付専用」と書かれている。

金庫の中に現金が積み上がっているだけでは、銀行は儲けることができない。だから、金庫の中の札束を裏の扉から運び出して貸付をしている。８００万円は、消えたのではなく、住宅ローンとして個人に５００万円、新規事業への融資として企業に３００万円貸し付けられていた。

正面扉では、銀行と預金者の９００万円の貸し借りが行われている。さっきのお母さんと同じで、銀行は預金者からお金を「借りている」のだ。

つまり**僕たちの預金残高は、銀行が借りている借金残高でもある。**

そして裏の扉では、銀行と貸付先（個人や企業）との800万円の貸し借りが行われている。これは、銀行が又貸しをしているとも言える。あたりまえだが、貸しているお金の総額は、借りているお金の総額に等しい。つまり、預金という名で貸しているお金の総額と同じ額を、誰かが借りている。

預金者が900万円を貸していて、個人が500万円、企業が300万円、残った100万円を銀行が借りているのだ。

ここで1つ気になることがある。金庫の中には100万円しかない。もし、預金者が引き出しにきたら、銀行はどうするつもりなのか？

現実的には、これが意外になんとかなる。ほとんどの人はたまにしか引き出しに来ないし、来たとしても引き出すのは一部だけだ。それに、お金を引き出す人もいれば

金庫にはもう1つ扉がある

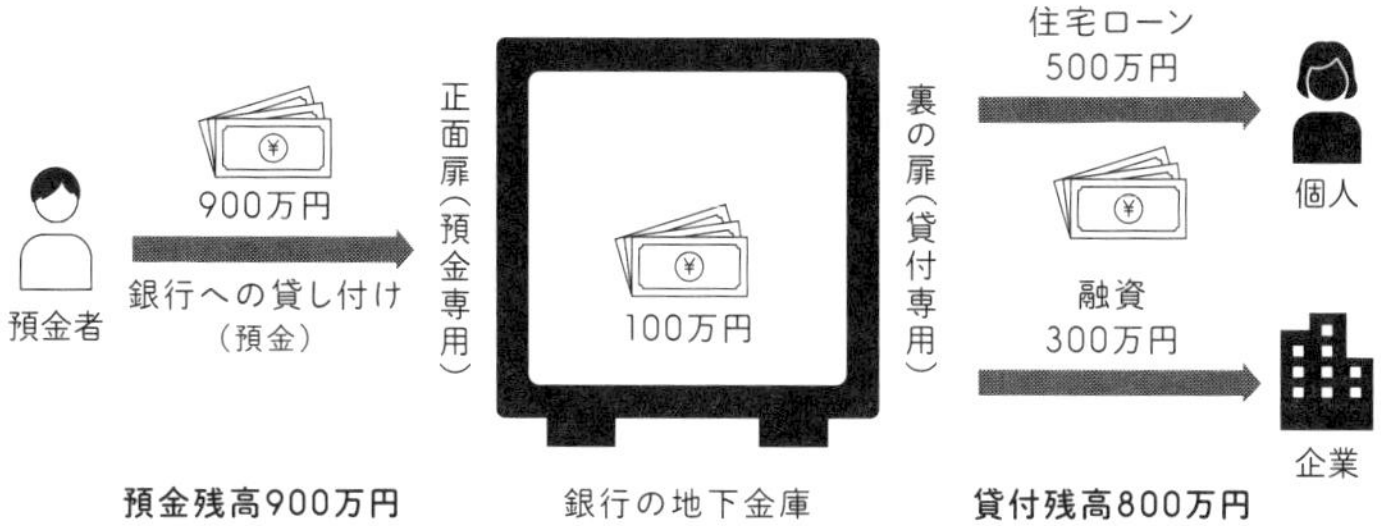

預け入れる人もいる。全体の預金量の一部の現金さえ確保していれば、銀行は預金者の引き出しに対応することができる。

預けているお金をいつでも取り出せるから、僕たちはお金を貸しているのではなく、保管してもらっていると信じてしまうのだ。

しかし、銀行の評判が著しく下がったりすると、不安を感じた大勢の預金者が一斉にお金を引き出しにくることがある。こうした取り付け騒ぎが起きると銀行はどうすることもできない。預金を封鎖して対処するしかない。最悪の場合、銀行は潰れることになる。

預金が返ってこないことは、実際に、度々起きている。これは、僕たちの預金が金庫に眠っているわけではないことの証拠でもある。

預金を増やすために誰かに借金させる

では、社会全体の預金残高は、どうやって増えているのだろうか？

たとえば、給料日になればあなたの預金が増える。一方、会社の預金が同じだけ減っている。会社の預金口座からあなたの預金口座へ、お金が移動しているだけだ。

では、会社が儲けるとどうなるか？

あなたの働いている会社が、自動車を作って販売しているとしよう。お客さんに300万円の自動車を売れば、会社の預金口座に300万円が振り込まれる。

しかし、これもまた、お客さんの預金口座から会社へ300万円が移動したにすぎない。みんなが頑張って働いても、「全体の預金残高」は増えていかないのだ。

ならば、日本はどうやって預金大国になったのだろうか？

それを考えるためには、銀行の金庫の、お金の出入りの意味を知る必要がある。

金庫の扉は2箇所あった。まずは正面の扉に注目してみよう。正面の扉から現金が入ると預金が増え、出ると預金が減る。入ってきた金額（預け入れ額）から出て行った

銀行の金庫の、お金の出入り

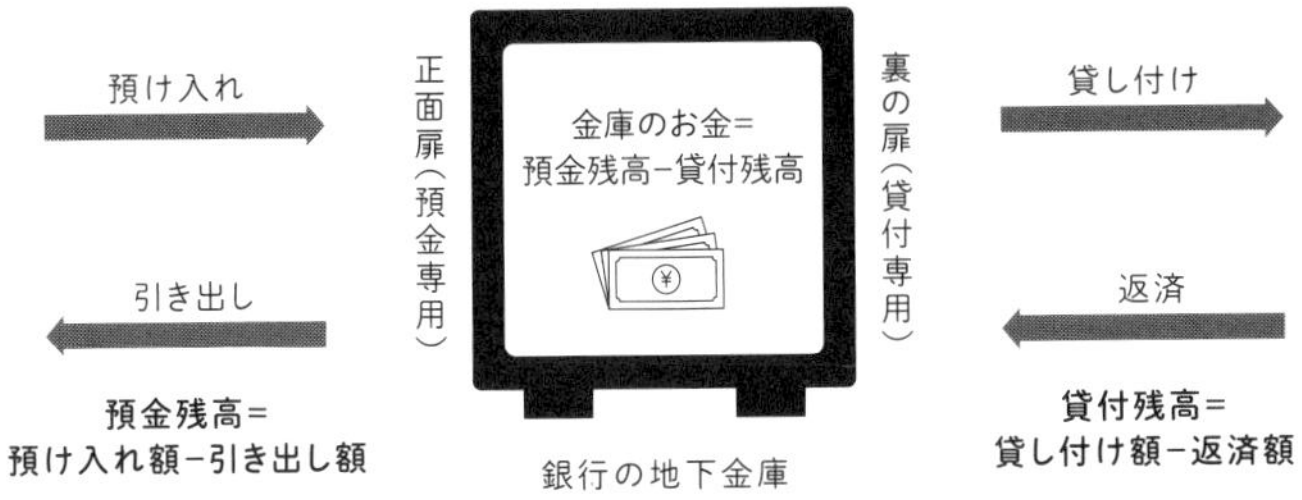

金額（引き出し額）を引いたものが、銀行の預金残高を表している。

次に、裏の扉。裏の扉からお金が出ていくと、貸し付けが増える。そして、この扉からお金が入ってくることは、貸し付けていたお金が返済されることを意味する。出て行った金額（貸し付け額）から入ってきた金額（返済額）を引いたものが、銀行の貸付残高だ。

預金残高を増やすには、金庫の外にあるお金を、銀行に預け入れる必要がある。しかし、紙幣の発行量以上に現金は存在しないから、ある程度以上の預金は増えない。それ以上に預金を増やすには、金庫の外の現金を増やすしかない。

紙幣が新たに発行されなければ、金庫の現金を外に出す必要がある。預金を引き出すか、貸し付けをするか。

預金残高を増やす方法

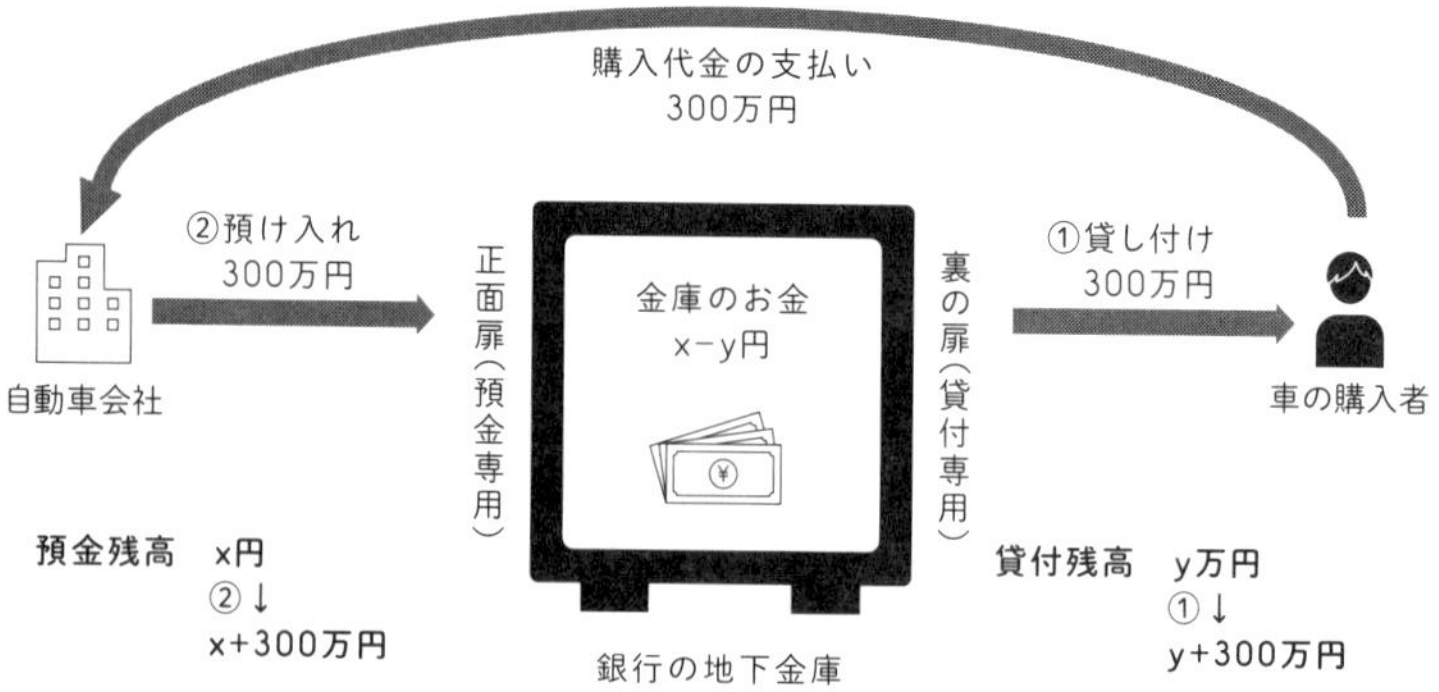

もちろん、預金を引き出すと預金残高自体が減ってしまう。預金残高を減らさずに金庫の現金を外に出すには、銀行が貸し付けをするしかない。

車を買うときに、現金を預金口座から引き出すのではなく、自動車ローンを組んで３００万円を借りれば、預金残高は減ることなく金庫のお金が外に出ていく。

その現金で購入代金を支払えば、自動車会社の預金口座に３００万円が預け入れられるので、貸付残高と預金残高がそれぞれ３００万円増える。そして、金庫の中の現金の量は変わらない。

このように、銀行が預金残高を増やすには、誰かに借金をしてもらうしかない。

裏の扉からお金を出して（＝貸し付け）、正面扉からお金を入れる（＝預け入れ）。

これを繰り返すことで、120兆円しかない現金が1200兆円以上の預金を作り出したのだ。

「預金大国」は「借金大国」のこと

預金が増えるトリックがわかると、さっきのニュースの見え方が変わる。

「日銀が発表した資金循環統計によると、2020年12月末時点の個人と企業の預金残高は1253兆円（内訳は個人955兆円、企業298兆円）と、過去最高を更新した」

個人と企業の預金が1253兆円ということは、銀行が1253兆円も借金をしているということだ。もちろん、そのほとんどは銀行の金庫の中にはなく、誰かに又貸しされている。

貸付先は個人や企業だけでなく、政府の場合もある。このとき、債券の購入という方法でお金を貸すこともある。実際に、銀行は企業や政府の発行する債券（それぞれ、社債、国債と呼ばれる）を大量に買っている。

さらに、預金だけでなく、保険の積立金などの預金と同等のものも存在する。これらすべてを合わせると、僕たちが預けているお金は1800兆円ほどになる。もちろん、その裏にある借金の合計額も約1800兆円存在する。

個人や企業の預金残高を見て日本がお金持ちの国だというのは、まったくの見当違いだ。預金が多いのは、日本人が勤勉だからでも、投資をしないからでもない。借金が多いからだ。**僕たちは、ただ貸し借りを大きく膨らませているだけ**なのだ。

日本の中で、もっとも借金を膨らましているのは日本政府で、その額は1000兆円を超える。日本政府が抱える莫大な借金の話を誰もが一度は耳にしたことがあるだろう。中には、強い怒りを覚えている人もいるかもしれない。

「自分たちは頑張って働いて預金を貯めた。それなのに政府は借金を増やしている。政府が悪いのに、どうして自分たちが負担する必要があるんだ！」

一見すると、これは童話の「アリとキリギリス」の話に似ている。「働かなかったキリギリスのために、どうして頑張って蓄えた食料を渡さないといけないんだ!」と怒るアリの感覚に似ている。

しかし、政府の借金の話は「アリとキリギリス」とは全然違う。日本政府の借金が増えたからこそ、個人や企業の預金がここまで増えているのだから。

こう考えてもいい。もし、政府が借金を1000兆円まで膨らませなかったら、足りないお金は税金で徴収していた。その額は1000兆円。僕たちの預金は、今よりも1000兆円少なかった。

日本政府の借金を肯定したいわけではない。しかし、僕たちの貯め込んだ預金と政府の抱える借金を切り離して考えると、不要な軋轢《あつれき》を生んでしまう。アリとキリギリスのように、国民と政府が反目すべきではない。

この日本政府の借金の問題については、第3部でも詳しく考えていく。

コロナ禍に配られたお金

2020年、新型コロナウィルスの流行が始まったとき、僕たちがお金に困らないようにいくつかの対策が取られた。

まず思い出すのは、一人につき10万円が給付されたことだ。1億2000万人に配るために、銀行の金庫の裏から12兆円もの現金が出て行った。政府が借金をしたのだ。そのお金は国民に配られ、正面扉から再び金庫の中に入り、僕たちの預金が12兆円増えた。ここでもやはり、借金と預金が同じだけ増えている。

一人ひとりに直接配られる給付金は効果的だが、手元に届くまでに時間がかかった。給付金が配られ始めたのは5月の中旬くらいからだった。実は、その時点で、すでに別ルートで12兆円以上のお金が配られていた。気づいていただろうか？

「そんなお金をもらった記憶がない」と思うのはもっともだ。直接配ったのではなく、企業の借金を増やしたのだ。

3月の時点で、中小企業に対して無利子でお金を貸す応急処置がとられた。中小企業はお金を借りることで取引先の会社に代金を支払い、従業員に給料を支払った。

当時、新型コロナウィルスの影響で経済活動が止まり、収入が減った企業が増えていた。もしも、お金を借りられなかったら解雇された従業員は増えていただろうし、給料を支払ってもらえなかった人もいただろう。取引先から商品の代金を受け取れなかった会社も増えていたはずだ。お金を無利子で貸すことで、多くの企業が倒産を免れることができ、雇用を維持することができたのだ。

お金を受け取ったのは、借りた企業の関係者にとどまらない。従業員がお金を使えば、別のところにも次々にお金が流れていく。実感している人は少ないが、この12兆円の借金があったおかげで、国中の預金は確実に12兆円増えたのだ。

預金を増やすには、政府であれ企業であれ、誰かに借金をしてもらうしかない。

なぜ2つの扉があるのか？

預金を増やすことはできる。だけど、それは貸し借りが増えているだけで、お金自体が増えているわけではない。社会全体で何かの価値が増えているわけではない。

社会全体にとって重要なのは、お金を増やすことではなく、お金を流すことだ。

なるべく多くのお金を流すために、銀行の金庫の扉は2つある。正面の扉からなかなか出ない(預金を使わない)のであれば、裏から出す(貸し出しを行う)しかない。その結果、誰かの借金が増えて、同時に預金が増える。それだけの話なのだ。

経済の羅針盤

- ◎ 誰かが働いて、モノが作られる
- ◎ モノの効用が、誰かを幸せにする

「誰が働いて、誰が幸せになるのか」を考えることが重要

- ○ お金の価値は、将来、誰かに働いてもらえること
- ○ **お金は増減せずに、移動する**

ここでまた、経済の羅針盤に「お金は増減せずに、移動する」という1行が追加された。

全体では増やせないお金を中心に経済を考えると、お金を奪い合うために働くことになりかねない。一方で、人を中心に経済を考えると、お金はただ流れているだけだと気づく。僕たちが働くことでモノを作り出し、その効用で誰かの生活を豊かにしていることが明確になる。

作り出すモノは、形があるものだけではない。サービスや制度、仕組みなど、僕たちの生活を豊かにするものすべてが含まれる。経済活動によって増やせるのは、お金ではなく、人々の感じる生活の豊かさだ。

何を作って誰をどのように幸せにするかは、僕たちのお金の流し方次第だ。毎日の生活を送るためにお金を流すこと、つまり「消費」については、誰もがよくわかっているはずだ。

では、もう一つの流し方、「投資」についてはどうだろう？

実は、この「投資」が未来を作っている。投資と聞くとお金儲けやギャンブルを連想する人も多い。株を売ったり買ったりすることが、本当に未来を作っているのだろうか。投資はギャンブルとは違うのだろうか。次は、そういうことを考えていく。

【補足】金融資産

「お金」の定義を紙幣から預金に広げても、お金は増えなかった。貸し借りが増えているだけだった。金融資産全般にまでその定義を広げても、やはり増えないことを付け加えておこう。

僕たちが保有する資産の中には、「金融資産」と呼ばれる資産が存在する。国債や社債などの債券や、会社の株などが代表的な金融資産だ。生命保険などもこれに該当する。

ゴールドマン・サックスのような証券会社は錬金術を持っていて、空中から金融資産を生み出していると言われる。これは、半分正しい。**残りの半分は、同時に金融負債を生み出していることだ。**合わせればゼロになるから、錬金術でもなんでもない。

金融資産の正体は、日本銀行券や肩たたき券と同じく、将来の約束だ。「金融」、つまり資金を融通してもらうことと引き換えに、将来のお返しを約束している。

国債や社債など、債券の約束は、元金に利息をつけて返すことだ。株であれば、会社の利益の一部を払い続ける約束だし、生命保険であれば、死んだときに保険金を支払うという約束だ。こうした約束は券の保有者には資産だが、証券を発行した人から見れば負債になる。発行した側からすれば、消えて無くなってほしいものだ。金融資産が増えているとき、必ず金融負債が増えている。これもまた貸し借りと同じだ。

105ページの第2部冒頭の問いでは「お金」の定義を明確にしなかったが、定義が何であれ、社会全体ではお金という形で何らかの価値を増やすことはできない。

第 6 話

投資とギャンブルは何が違うのか？

投資が未来を作る。
しかし、投資されたお金が何に使われるのかを
考えないと、投資がただのギャンブルになる。

QUESTION

8

値上がりしそうな会社の株を10万円で購入した。
その10万円は、主に、どこに流れるだろうか？

A その会社の設備の購入や従業員の給料

B その会社が銀行から借りているお金の返済

C その会社とはまったく関係ない人々の生活

ANSWER

C

その会社とはまったく関係ない人々の生活

投資という名の「転売」

理由はどうであれ、日本には大量の預金があるのは間違いない。その大量に積み上がった預金を前に、投資を勧める人たちがいる。

「銀行にお金を眠らせたままにしているのはもったいない。有望な会社の株に投資をしたほうがいい」

もっともな意見にも聞こえるが、受け入れにくいと感じる人もいるだろう。

「株の上げ下げを当てるなんて、ただのギャンブルじゃないの？　そんなことに時間とお金を使うなんてもったいない」

しかし、その直感を言葉に出そうものなら、次のように畳み掛けられる。

「株とギャンブルは違う。株に投資をすれば、会社の成長にお金が使われる。設備投資や新規雇用が増えることで、会社は大きくなるし、景気も良くなる」

どこかの本に書いてあるような話を聞かされる。この話はもちろん正しい。だが、当てはまるのは１％以下だけだ。あなたの直感のほうがよっぽど正しい。年間の株式売買のほとんどが、ただの転売だ。

つまり**株式投資の99％以上はギャンブルだ。**

会社の成長に1%も使われないお金

株式の転売は、コンサートチケットの転売に似ている。

たとえばあなたの大好きな歌手がコンサートを開き、全席指定の1万円の前売り券が明日発売される。

あなたがチケットを買えば、そのお金はコンサートの主催者に流れていく。このお金があるから、コンサートに必要な機材や会場を確保することができる。あなたの応援する歌手にも支払われるし、所属する会社の成長にもお金が使われる。

チケット発売当日、人気のチケットは5分で完売した。残念ながらあなたはチケットを買えなかった。意気消沈のあなたの元に「3万円でチケットを譲るよ」と、チケットの転売を持ちかける人が現れる。どうしてもコンサートに行きたいあなたは、3万円支払ってチケットを手に入れた。

正規に販売されたチケットと転売チケットの違いは、価格だけではない。決定的に違うのは、お金が流れていく先だ。あなたの支払った3万円は、応援している歌手や会社には流れていかない。チケットを転売した人に流れ、その人の生活に使われる。

株に投資するときも同じことが起きている。ほとんどの人は転売されているチケットを買う。つまり、ほとんどのお金は応援したい会社には流れていないのだ。

2020年の証券取引所（日本取引所グループ傘下の証券取引所）での日本株の年間売買高は744兆円。一方で、証券取引所を通して、会社が株を発行して調達した資金は2兆円にも満たない。コンサートの例に当てはめると、主催者が売ったチケットはたったの2兆円で、742兆円は転売されたチケットの取引量というわけだ。

株が会社から新たに発行されるときに、株を購入する人がいる。その人のお金だけが会社に流れて、その会社の成長に使われる。それ以外の取引はすべてが転売だ。

コンサートチケットの転売はコンサート当日までが勝負だが、株というチケットは、会社がつぶれるまで転売され続ける。

もちろん、株式市場が無意味だと言いたいわけではない。もし株式市場で株を転売できなかったら、会社が株を発行しても購入しようと思う人が減ってしまう。売ることができるから、会社が株を発行しやすくなっている。

でも、あなたが会社に投資したと思っているそのお金は、株を転売してくれた人の生活に使われ、会社の成長に1円も使われていないのは事実だ。

そして、この転売はただのギャンブルでしかない。

勝利条件は「他人に高く買わせること」

僕たちが投資だと信じているものの多くは、転売を目的にしている「投機」と呼ばれるものだ。株にしても為替にしても、安く買ったものを高く売って、転売で儲けることを目的にすることが多い。転売を目的にワインやコンサートチケットを買うのも投機だ。

投機で購入する人は、価格の値上がりによって儲ける。価格が値上がりするのは、樹木に果実が育つように何かが成長しているわけではない。コンサートチケットが1万円から3万円に値上がりしても、コンサートの質は良くならない。

「値上がりした」とは、「チケットを高く買ってくれる人を見つけた」という意味に過ぎなくて、コンサートの質が良かろうと悪かろうと、高く買わせることができれば儲けられる。

あなたがコンサートチケットに3万円を払わされたように、高く売って儲けた人の反対側には、高い価格で買わされた人が存在する。安く買うときにも、反対側には安く売らされた人がいる。投機という転売がギャンブルだというのは、そういう意味だ。**果実を実らせて分け合うのではなく、増えることのないお金を参加者の間で奪い合っている**のだ。

「日経平均株価が上がっている。経済が成長している」と喜ぶ人たちがいる。彼らが株価だけを見て喜んでいるなら、チケットを高く売って喜んでいる人と大差ない。

人気のコンサートチケットが転売市場で高騰するように、株を買いたがる人が増えると株価が上昇する。別に、みんなの生活が豊かになっているわけではない。株を高く売れた人が喜ぶだけだ。

経済の羅針盤に立ち返ると、ここでも生活を豊かにするのは、株価という会社の価格ではなく、会社が作り出すモノから得られる効用だと気づく。

経済の羅針盤

◎誰かが働いて、モノが作られる
◎モノの効用が、誰かを幸せにする

「誰が働いて、誰が幸せになるのか」を考えることが重要

○お金の価値は、将来、誰かに働いてもらえること
○お金は増減せずに、移動する

たとえば、鉄道会社は鉄道を運行することで僕たちに効用をもたらす。この効用を高めているのは、鉄道会社で働く人たちに他ならない。決して、鉄道会社の株をたくさん買って、株価を上げた人ではない。彼らはただ株券を握りしめて座っていただけだ。(※)

僕たちの生活にとって重要なのは、会社のもたらす効用だ。効用が増えれば、会社が儲かり、株主への配当が増える。その結果として株価が上がることがある。それは

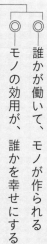

喜ばしい株価の上昇だ。しかしそれは結果であって、経済の目的ではない。

株に限らず、投機が加熱すると価格が上昇する。その価格上昇は、他人に高く買わせられるということでしかない。効用を増やしてはいないのだ。

（※）ある程度の株式を取得した上で会社に積極的な提言を行う投資家や、大部分の株を購入して、会社ごと買収する投資家も存在する。彼らは、もちろんただ座っているとは言えず、会社がもたらす効用を変えようとしている。

資産価格の上昇と「コロナ禍マスク問題」の共通点

不動産もまた、投資や投機の対象になる。東京の新築マンションの坪単価は、この10年で40%近く上がっている。10年前なら5000万円で買えたマンションが今では7000万円だ。

「資産価格が上がった」と喜んでいる人も多い。資産価格とは、お金に換えることができる資産の売却価格だ。マンションを所有して住んでいる人にとっては、喜ばしいことに思える。

この場合、効用は増えているのだろうか？

これもまた、先ほどの株価と同じだ。交通網が発達したり町が発展したりすることで利便性が高まり、その結果としてマンションの価格が上がっているのであれば喜ばしいことだ。だけど、この10年で東京の利便性が40パーセントも増えたか。利便性と不釣り合いに価格が上がったように感じる。

マンションを売れば値上がりした分だけ儲けられるが、東京に住み続けるのであれば売ることができない。マンションの資産価格が上がっても儲けられないのだ。

資産価格が上がって喜べるのは、「自分が使っていないもの」を転売目的で保有している人たちだ。使いたい人に高く売れば、儲けることができる。だから、投機をする人は、自分が住まないマンションを買う。

しかし、自分が使わないものを持つことで、誰かが使えなくなっているのだ。これは、コロナ禍でのマスクの転売問題と本質的に同じだ。

2020年、新型コロナウィルスが流行し始めたとき、マスクが手に入らないという事態が日本全国で起きた。転売目的で大量のマスクを買い占める人が出てマスクの価格は高騰し、通常の100倍以上の価格で取引された例もあった。

どこかにマスクが大量に存在しているはずなのに、利用したい人にマスクが行き渡らず、社会問題に発展した。

この件で責められるべきはマスクを買い占めていた人たちだ。このとき、マスクの高騰によって、彼らが大量に保有するマスクの資産価格は増えたが、多くの人がマスクを使えなかった。**多くの人から効用を奪った**のだ。

この件は、被害者の存在も加害者の存在もはっきりわかるし、その因果関係もわかりやすいから、転売する人たちが悪さをしていることが明るみに出た。

マンションの転売も、本質的には同じことだ。自分が使わないものを買っておいて、本当に使いたい人に高く売る。直接見えないだけで、マンション投資の加熱による価格上昇で、住みたいところに住めなくなった人が存在している。

どうしても住みたい人は、高いお金を払わないといけない。そのお金こそが、マンション投資で儲けた人が手にしているお金だ。決して、社会全体の価値が増えて生活が豊かになっているわけではなく、ギャンブルの勝者と敗者が生まれているだけだ。

そして、敗者はギャンブルに強制的に巻き込まれている。

投機というギャンブルをするくらいなら、そのお金を銀行に眠らせておいたほうがまだいい。「銀行にお金を眠らせたままにしているのはもったいない」というアドバイスは、かなり無責任なセリフだ。

では、どういうものならば、「生活を豊かにする投資」になるのだろうか？

投資とは「将来のために使う労力」

そもそも「投資」とは何か。


「勉強は将来の自分への投資だ」

「道路や図書館は公共投資で作られている」

「会社の発行した株に投資する」

僕たちはいろんな場面で投資という言葉を使うが、これらすべてに「将来のためにお金や労力を使う」という共通点がある。

勉強が投資と呼ばれるのは、自分の将来の可能性を広げることに労力を使うからだ。大学に入るため、資格を取るために何年も勉強したりする。公共投資によって道路や図書館が作られるのは、将来の人々の暮らしを良くするためだ。

会社へ投資されたお金は、その会社が提供する将来の商品の生産準備や研究開発に使われる。

消費でも投資でも、僕たちがお金を流すときには2つのことを比べている。消費であれば、商品がもたらす「効用」と「価格」を比べて購入するかどうか決定する。

投資をする場合は、その事業の「収益」と「費用」を比較する。事業の収益とは将来のお客さんが払ってくれるお金だ。お客さんが満足しなければ、お金は払ってもらえない。その事業で提供するものがどれだけの効用をもたらすのかを考える。

費用とは、事業を始めるためや事業を運営するために必要なお金だ。どれだけの人を雇い、どれだけの資材や設備を他の会社から買うか。投資のために流したお金は、新たに雇った従業員の賃金や、他の会社からの購入費用に使われる。食べ放題の話で出てきたように、すべての費用は何らかの労働に対して支払われている。

つまり、**収益と費用を比べるということは、その事業が将来もたらす効用とその事業に現在費やされる労働を比べること**でもある。

投資することが決定すると、投資されたお金は事業主を通して流れ、多くの労働がつながり、事業を始めることができる。そして、その事業の成功が、僕たちの将来の生活を豊かにする。新たなモノやサービスを利用できるようになる。

さて、今回の問いは「投資とギャンブルは何が違うのか？」だった。

多くの人が想像する投資は、投機と呼ばれるギャンブルであることが多い。しかし、本当の意味で投資されたお金は、多くの人に働いてもらうことに使われる。その人たちが働くことで、新たな価値（効用）を生み出すことができる。お金を奪い合うギャンブルとは真逆の、生産的な活動だ。

ヘタな投資の罪

投機だろうと投資だろうと、誰もが儲けたいと思っている。損をしたくはない。だけど、投機と投資では「損」の意味が違う。

ヘタな投機はただの恥だが、ヘタな投資は大いなる罪だ。

投機はお金の奪い合いだから、誰かが損をしても反対側で誰かが儲けている。損はあくまでも個人の問題であって、社会から何かが失われるわけではない。

もちろん、投資で損をしても、お金が消えるわけではない。その事業のために働いてくれた人々に流れるだけで、全体のお金の量は変わらない。

ただし、投資の損は、事業の失敗を意味する。**その事業に費やされた労働に対して、お客さんが感じた効用が少な過ぎた**ということだ。多くの労働がムダになった。その労働が他のことに使われていたら、僕たちの生活はもっと便利になっていたのかもしれない。

近年、不動産投資が加熱している。多くの個人や会社がアパート経営を始め、数多くの新築アパートが建設されてきた。しかし、日本の人口は増えていないから空室率は上がり、赤字のアパート経営が増える。

これはまさに、労働が無駄に使われた失敗事業の一例だ。他の事業への貸し付けよりも不動産事業への貸し付けを優先した投資家、つまり銀行の責任に他ならない。彼らの投資のせいで、効用の少ないアパート建設に多くの労働を使ってしまったのだ。「銀行にお金を眠らせたままにしているのはもったいない」という発言が、「銀行に任せていては、労働が無駄に使われてしまう」という意味なのであれば、まったくもってその通りだ。投資には、労働を使うことに対しての責任が伴っている。

未来を設計する投資、選択する消費

21世紀に入って20年以上経過した。この20年で情報技術が目覚ましい進歩を遂げ、僕らの生活は格段に便利になった。それは、情報技術に莫大な金額が投資され、同時に、情報技術を搭載したモノの消費へ莫大なお金が流れていたからでもある。

投資とは未来の生活を設計することだ。生活がより豊かになるために何が必要なのかを考え、その研究開発や生産準備のためにお金を流す。投資によって、未来の選択肢が増える。

あとは消費者の選択に委ねられる。数ある選択肢の中から、自分の生活を豊かにするモノの生産に、消費者はお金を流す。そのお金は生産活動だけでなく、さらなる研究開発にも流れ、品質や性能が向上していく。

この投資と消費の両輪によって、世界は未来へと進んでいる。貨幣経済においては、お金が流れないことには僕たちの労働がつながらず、モノが生み出されない。僕たちの生活を豊かにする効用も生み出されない。

だから、銀行の金庫には、正面だけでなく裏の扉もついているのだ。預金を引き出すだけでなく、銀行の貸し出しによっても、お金が流れるしくみになっている。

くどいようだが、お金はただ流れるだけだ。情報産業に注ぎ込まれたのは、お金ではなく、膨大な労働だ。**僕たちが流している投資や消費のお金が、労働の配分を決めていて、その配分によって未来が作られている。**

もしも、20世紀に引き続いて自動車や電化製品に投資や消費を続けていたら、現在のような情報技術の便利さは手にしていなかっただろう。情報技術に多くのお金を流したことがベストだったとは限らない。別のことにお金を流していたら、もっと住みやすい世界になっていたかもしれない。

いずれにせよ、労働が注ぎ込まれることで新たな価値（効用）が生まれ、より快適で便利な生活を送れるようになっている。20年前と今の生活を比べれば明らかだ。

ところが、専門家たちは、バブルが崩壊した1990年初頭以降、ほとんど経済が成長していないという。「失われた20年」とか「失われた30年」と呼んでいたりする。

彼らのいう成長すべき「経済」とは何を指すのだろうか？

それを成長させることが、僕たちの生活を向上させるのだろうか？

第7話では、そういうことを考えていく。

バブル経済が繰り返される理由

第6話の最後に、バブル経済の話を付け加えておきたい。僕は、投機による高騰と暴落を何度も見てきた。こうしたバブル経済は数百年も前から何度も繰り返されている。その理由は2つの盲信にある。

ひとつは、最後に取引された価格こそが価値だと信じていること。
もうひとつは、その価格であれば、いつでも売ることができると信じていること。

17世紀のオランダは、チューリップバブルに沸いた。当時のチューリップはまだ珍しく、その球根は贅沢品だった。縞模様の入った多色のチューリップは鮮やかで美しく、より高価で取引されていたらしい。

球根の生産量以上に球根を欲しがる人が増えると、価格は上昇していく。欲しがる人は、実需（実際の需要＝本当に欲しい人）だけではない。値上がりが続くと、投機目的の購入者が現れて、球根相場の上昇はさらに続く。

人々がチューリップの美しさから感じる効用に比べて価格が高くなると、実需は減り、実需で保有している人たちは球根を売り始める。

一方で、値上がりし続ける球根の投機で一儲けできるという話が街中でささやかれ、自分も球根を買おうとする人が続出する。実需の保有者が球根を売っても、それ以上に投機目的の購入希望者が増えているから、価格はどんどん上昇する。

購入希望者の中には、買いたくても決断できない人たちもいる。「球根の価格はすでに高すぎる。これ以上、価格は上がらないだろう」と懐疑的に見ている。

しかし、投機目的で買う人が増えている間は、価格の上昇は止まらない。そして、ついに実需の購入は存在しなくなり、投機目的の購入ばかりになっていく。

次第に、懐疑的に見ていた人たちの態度も変わってくる。「ここで買わないと自分だけ乗り遅れる」と思い、ついに球根を買ってしまう。当時、球根一個は家一軒が買えるくらいまで上昇したそうだ。

こうして球根が最高値で取引されて、球根の投機で大儲けをたくらむ人たち全員が球根を保有することができた。みんなが、幸せの絶頂を感じている。

このとき、投機している全員が儲けていると感じている。最後に取引された価格こそが球根の価値だと信じているからだ。そして、その価格ならいつでも売れるものだと疑っていない。

しかし、儲けを確定するためには、誰かに高い価格で買わせないといけないのだ。だけど、すでに買う人は存在しない。投機で買いたい人はすでに保有しているからだ。

買う人がいなくなった今、残された道は暴落だけだ。値下がりが始まってから売ろうとしても後の祭りだ。売りたくても、買う人が存在しなければどうしようもない。暴落をただ見守るしかないのだ。

後から振り返れば、効用に見合わないほどの高い価格で球根を購入するのは馬鹿げているように映る。しかし、当の本人たちは信じ切っていた。

「取引されている価格こそが価値だ。価値があるから価格が高いんだ。その価格で買う人はいくらでもいるはずだ」

こうしたバブルは毎度同じような経路をたどり、現在に至るまで繰り返されている。取引されている価格が上がれば、みんなが儲かっている気がしてしまう。しかし、誰かに高く買わせないと、儲けることはできない。効用をまったく考えない取引はただのギャンブルだ。

バブルがはじけたときに、「多くの富が失われた」という言葉が決まり文句のように使われる。しかし、そもそも富が膨らんでいたわけではない。妄想だけが膨らんでいたのだ。

第7話

経済が成長しないと生活は苦しくなるのか？

バブル崩壊後、
日本の経済はほとんど成長していないと言われてきた。
しかし、「経済成長」という言葉の「経済」が示すものは、
実は、生活の豊かさではない。

QUESTION

9

次の選択肢は、どれも僕たちの生活を豊かにしてくれる。このうち、「経済」を成長させるのはどれだろうか？

A 生産技術を向上させて、大画面のテレビを安く売ること

B 価格は上がるが、テレビに新しい機能をつけること

C 品質管理を徹底して、テレビを壊れにくくすること

ANSWER

B

価格は上がるが、テレビに新しい機能をつけること

お金は地球上を流れる「水」

「お金は経済における血液だ」

この言葉を好んで使うのは、銀行などの金融機関の人たちだ。彼らは、この言葉の後にこう続ける。「その血液を送り出す心臓が銀行(金融機関)なのだ」と。

しかし、実態はそうではない。お金は血液のように流れる場所が決まっていないし、栄養を含んでいるわけでもない。それに金融機関だけが流しているわけではない。

お金はあらゆる場所を流れていて、その流れは僕たち一人ひとりが決めている。お

金は地球上を循環する水のような存在だ。

お金が水なら、僕たちが持っている財布は水たまりのようなものだ。地表を見ると、所々に水たまりができている。小さな水たまりから湖ほどもある大きな水たまりまで、大きさはさまざまだ。個人だけではない。お店や会社の水たまりも存在している。

お金を使うとは、自分の水たまりから他の水たまりに水を流すことだ。

お弁当を買うとき、お金を払う。このとき、あなたの水たまりの水が弁当屋の水たまりへと流れ込む。その水は、店で働く人たちや、肉屋や農家など弁当の材料を作る人々の水たまりにも流れていく。

服を買っても、電車に乗っても、映画を観ても、お金という水が流れていき、その生産活動に携わる人々の水たまりに水が流れ込む。銀行がお金を貸したり、投資家が会社に出資したりすることで、必要な場所に水が流れることもある。

水は絶えず蒸発していて、水蒸気が空に大きな雨雲を作る。この蒸発する水は、みんなから集められる税金だ。あなたが弁当屋に水を流すとき、その一部は消費税という名前で蒸発する。あなたが働いて貯めた水たまりの一部も、所得税という名前で蒸発して空の雲に吸収される。

空に貯まった水は、雨となって地上に降り注ぐ。国立競技場を建設するときは、建設業者に雨を降らせる。児童手当てのように、養育費を必要とする家に降り注ぐ雨もある。

お金の循環で大きな役割を担っているのは、雨雲を自由に操る政府だ。直接お金を流すこともあれば、政策や制度によってお金の流れを作り出すこともある。

政府がお金を流そうとする理由は大きく2つある。みんなが使えるモノを作って効用を生み出すことと、生活に困っている人にお金を配ることだ。

お金は水と同じように社会の中を循環し続ける。お金が流れていたほうが、みんなが幸せになるような気がする。しかし、お金さえ流れればいいわけではない。お金の流れる量だけ気にしていると、専門家たちの言葉にごまかされてしまう。

それは**「経済のために」**という言葉だ。

この言葉は、どうやら「お金を流すために」と同じ意味なのだが、「経済」という言葉を持ち出すことで謎の説得力を帯びる。そして、人のために存在する経済が、逆に人に無理を強いるようになる。

お金を流すこと自体が目的になると、人々にムダな労働をさせていることや、人々にもたらす効用が少ないことに気づけなくなってしまう。

「経済効果」という言葉に潜む罠

「2024年に紙幣が一新される。この新紙幣発行による経済効果は1・6兆円と試算されている」というニュース記事がある。

経済の「効果」が1・6兆円というからには、僕たちにとってすごくいいことがありそうな気がする。だが、ここに大きな罠が潜んでいる。経済効果という言葉を誤解していると、知らないうちに僕たちは疲弊してしまう。

この記事の意味を改めて考えてみよう。

2024年に、一万円札の肖像画は福澤諭吉から渋沢栄一に変わる。紙幣のデザインを新しくするには、さまざまな機械を買わないといけない。日本銀行が買うのは、紙幣を発行する印刷機械。金融機関は、新紙幣を読み取るATM。自動販売機を保有している人たちも機械を新しくする。これら機械の購入に使われる費用の合計が1・6兆円だ。これを経済効果と呼んでいる。

経済の羅針盤を見てみよう。このとき、2つの変化が同時に起きている。

①お金が移動すること、②労働がモノに変換されること、だ。

◆経済の羅針盤

◎―誰かが働いて、モノが作られる

◎―モノの効用が、誰かを幸せにする

→**「誰が働いて、誰が幸せになるのか」を考えることが重要**

〜〜〜〜〜〜〜〜〜〜〜〜〜〜〜〜〜〜〜〜

○―お金の価値は、将来、誰かに働いてもらえること

○―お金は増減せずに、移動する

まず、①お金が移動すること、について。

「機械を新しくすることが、1・6兆円の需要と新たな雇用を生む」と言う人がいる。

1・6兆円の仕事が発生したことで、社会全体の収入は1・6兆円増える。だけど、1・6兆円もらえるのは、生産者側の視点にすぎない。たしかに、ATMを作る会社や関連する会社の売上が増えることで、そこで働く従業員の給料は増える。新たに雇われる人もいる。

一方で、社会全体の支出も1・6兆円増えている。ATMを買い換える銀行のお金は減ってしまう。それによって銀行員の受け取る給料が減るかもしれないし、僕たちが保有する銀行口座の維持手数料が増えるかもしれない。

この**「1・6兆円の経済効果」の意味は、「1・6兆円移動させた」という意味でしかない。**社会全体で見れば、お金は増えていない。社会全体にとって大事なのは、お金の移動よりも、②労働がモノに変換されること、のほうにある。

割に合わない労働が隠されている

労働がモノに変換されることに注目すると、何が見えてくるか？

1・6兆円のお金が流れることで、数多くの労働がつながり、印刷機やATMや自動販売機などが新たに製造され、新紙幣の使用を可能にする。この新しい紙幣がもたらす効用は、主に紙幣の偽造防止に役立つことだ。

人口55万人の鳥取県の1年間の県内総生産が約1・9兆円だから、1・6兆円というと、それに匹敵する労働が注ぎ込まれることになる。この膨大な労働の負担に比べて、紙幣を利用する僕たちが感じる効用が大きければ、この生産活動は社会にとって十分意味があることだ。しかし効用が小さければ、社会の負担が大きすぎることになる。

これが自然に発生した生産活動であれば、いちいち負担と効用を比較しなくても問題ない。労働の負担よりも効用のほうが必然的に大きくなるからだ。

働く人は1・6兆円もらえるなら労働を負担してもいいと考え（労働の負担＜1・6兆円）、利用者はその効用が得られるなら1・6兆円払ってもいいと考える（効用＞1・6兆円）からだ。「労働の負担＜1・6兆円＜効用」という不等式が成り立つ。

ところが、この新紙幣の発行のように、政府の政策などによって半ば強制された生産活動ならば、「労働の負担＞効用」になってしまうことも十分あり得る。

第1話で例に出した四兄弟の家庭で、新紙幣が導入されることを考えるとわかりやすくなる。ある日、お父さんが宣言する。

「明日以降、1マルク紙幣を使うには、紙幣の余白に渋沢栄一の肖像画が描かれていないといけない」

絵が得意な長男は、自分のマルク紙幣一枚一枚に丁寧に渋沢栄一の肖像画を描き入れる。他の3人は長男に1マルクずつ払って、自分たちの持っているすべての紙幣に肖像画を描いてもらう。ここに3マルクの経済効果が発生する。

でも、それで生活は豊かになっただろうか。お金が他の3人から長男に移動しただけで、何かの効用が生まれたわけではない。ムダな仕事だけが増えたのだ。

僕は新紙幣の発行を批判したいわけではない。大事なのは**「どれだけの労働が、どれだけの幸せをもたらすか」**を考えることだ。「GDPを増やす」「雇用を創出する」という目的のために経済効果に目がくらむと、割りの合わない労働を生み出してしまう。経済効果は、お金の移動量を表す数字でしかないのだ。

だから、**「経済効果」という言葉を聞いたときは、まず「効用のよくわからない生産活動なのではないか？」と疑ったほうがいい。**数字にごまかされて、効用に見合わない労働や資源が投入されているのを放っておくと、社会はどんどん疲弊していく。

お金を流すことだけ考えるようになったのは、経済の目的を忘れてしまったからだろう。テストの点数を上げるために「一夜漬けの勉強」をする学生と同じように。

GDPは「テストの点数」

お金という水の流し方次第で、何に労働や自然資源を投入するのかが決まり、どれだけ生活が豊かになるかが決まる。しかし、生活の豊かさは客観的に数値化できない。だから、僕たちはGDP（国内総生産）を増やすことを目的にしている。僕たちというのは、僕たち全体の意思決定を行っている政府だ。

GDPとは、1年間に国内で新たに作られたモノの価格の総額を表している。これは、みんなが支払ったお金の総額であり、モノの生産のために流れたお金の量でもある。**国全体の「生活の豊かさ」を測ることができないから、とりあえず「モノの価格の総額」を表わすGDPで代用しているのだ。**

「日本経済はこの1年でほとんど成長していない」とか「2％の経済成長を遂げた」と

いうときの経済成長は、このGDPの1年間での伸び率を指す（厳密には価格調整などを行っている）。このGDPをどれだけ増やせたかで政府は評価される。GDPが増えていれば、生活は豊かになっているはずだと考える。

これは僕たちが学校で受ける期末テストに似ている。学力を客観的に数値化できないから、とりあえずテストの点数が学力を表していると考える。僕たちが勉強する目的は、学力を上げることであって、テストの点数を上げることではない。

しかし、点数で評価されるうちに、徐々に目的がねじ曲げられる。テストの点数を上げることが目的になってしまい、一夜漬けの勉強を頑張るのだ。テストさえ終われば、すべて忘れてしまっても問題ないと考える。

僕たちの社会の目的はどうだろう。みんなの生活を豊かにすることではなく、GDPを増やすことになってはいないだろうか。

人によって異なる効用を数値化することはできないから、いわゆる「経済」の話においては価格を価値だとみなしている。「経済的価値」と呼ばれたりもする。

家族が握るおにぎりには経済的価値がなくて、コンビニのおにぎりには経済的価値がある。100億円かけて建設した空港の経済的価値は100億円になる。

経済的価値で考えることがあたりまえになってしまうと、経済的価値こそがモノの価値だと思い始める。たとえ空港を利用する人がいなくても、100億円で作られる空港には100億円の価値があると信じ始める。お金だけを見るようになって、人々の幸せは置き去りにされる。

「誰のためになるのか」「どれだけの効用を増やすのか」を気にする人はいなくなり、GDPを増やすために経済効果だけが強調された政策を優先する。僕たち自身もGDPが増えていないと生活が豊かになっていないのではないかと不安に感じてしまう。

でも、心配には及ばない。僕たちの生活は確実に向上しているのだ。

「効率」と「蓄積」が生活を豊かにする

2000年当時、30インチのテレビは20万円で売られていた。2020年には薄型の50インチのテレビが10万円もしない。

生産技術の向上によって、安くても効用の高いものを買えるようになった。しかし、経済的価値だけを見ていると、そのことに気づけない。GDPが下がってしまったと否定的に捉える。

冒頭のクイズの選択肢A「生産技術を向上させて、大画面のテレビを安く売ること」は、経済の成長を阻害することになる。

Cの「品質管理を徹底して、テレビを壊れにくくすること」も同様だ。修理費用も減るし、買い替えることも少なくなる。お金を使わなくなるから、「経済」にとってはマイナスと考える。クイズの答えは、Bになるのだ。

しかし、「経済」を成長させないAやCの選択肢は、僕たちにとっては喜ばしいことだ。モノが効率的に作られるようになったし、効率的に使われるようにもなった。より少ない労働でより多くの効用が得られている。

GDPではなく、この「効率」が生活を豊かにしている。そして、「蓄積」もまた生活を豊かにしてくれる。**僕たちの生活はたった1年間の労働の上に成り立っているわけではない。過去の労働の蓄積の上に、現在の生活が成り立っている。**

僕たちの生活が豊かだと感じることの具体例を、いくつかあげてみよう。

・高速道路や鉄道、新幹線などの交通網が発達し、全国どこでも簡単に移動できる。

・誰もが義務教育が受けられ、高等教育が受けられる教育施設が全国各地にある。
・スマートフォンで、動画や音楽、さまざまな情報に瞬時にアクセスできる。
・SNSを利用することで、小さい声でも社会全体に届けることができる。

交通網の発達から受け取る効用は、数十年以上も昔からの労働の蓄積だ。僕たちが気にするたかだか1年間のGDPでは、その効用を測れるはずもない。

すでにほとんどの主要都市の間は高速道路や新幹線で結ばれている。そのため、新たに敷設される道路や線路のGDPは減少傾向にある。減少していること自体が、すでに僕たちが満たされていることを表しているのだ。生産活動が減っていることを嘆く必要はない。新たに延長される道路や線路が少なくても、その分だけ、確実に便利になっている(もちろん、老朽化の問題は別途考える必要はあるが)。

医療施設にしても、教育施設にしても、過去の労働によって多くのモノが蓄積されて、現在に効用をもたらしている。

技術も、過去からの蓄積だ。僕たちが手にするスマートフォンには多くの技術が蓄積されている。電話、カメラ、テレビ、オーディオ、パソコンなど、ひと昔前であればそれぞれ10万円以上していた家電製品を買わなくても、スマートフォン1台でその機能を利用することができる。GDPは下がっても、効用は増えている。

そして制度やしくみも、過去からの蓄積だ。過去の人たちが考えた医療制度によって、全員が保険に加入し、小さい子どもは無料で医療を受けることができる。SNSなどのしくみによって、不正を暴いたり、「アラブの春」のように国を民主化させたりした例もある。

僕たちの暮らしは過去の労働の上に成り立っている。1年間のGDPが表す生活の豊かさは、ごく一部でしかない。

現在は未来の土台になる

この第2部では、社会全体の財布について考えてきた。社会の財布には外側が存在しないから、お金を増やすことはできないし、金融資産を増やすことも意味がない。

現在の僕たちはGDPを増やすことを目標の1つに生産活動を行っている。GDPが増えなければ、収入が減って金銭的に苦しくなる人が増えるという問題もある。

しかし、効用をほとんど生み出さない生産活動を無理やり作っても、流れるお金の多くは利権をもつ一部の人たちの懐に入るだけだ。そんなことをするくらいなら、**困っている人に直接お金を配ったほうがよほど効果的だ**。それよりも、労働や自然資源を有効利用することを考えたほうがいい。**過去の人たちが現在の生活の土台を作ってきたように、僕たちもまた、未来の土台を作っているのだから。**

例えるなら、僕たちは高い塔の上で暮らしている。塔の高さはこれまでの蓄積がもたらす効用であり、そこからの見晴らしの良さが生活の豊かさを表している。毎年GDPという費用をかけて最上階を増築して、塔を高くしている。

高くなればなるほど見晴らしは良くなり、僕たちの生活は豊かになっている。しかし、このGDPという費用を闇雲に増やしても、塔が高くなるわけではない。誰も使わない空港のように、効用を増やさないものもある。逆に、蓄積された生産技術によって、少ない費用で多くの効用が生まれることもある。1年間に使った費用だけ見ても、どれだけ塔が高くなったかは測れない。

また、GDPが表す1年間の生産量は、最上階だけの建築費用だ。最上階から見ている眺めの良さは、最上階より下の土台があるからこそ得られている。僕たちがあたりまえのように使っている道路や水道は数十年前のGDPに含まれていて、その時代の労働によって作られている。

そして、僕たちが現在作っている最上階は、未来の土台になる。GDPに含まれるのは、労働によって作り出されたモノだけだが、その過程で培われた技術、僕たちが幸せに暮らすために考えられた制度などは、現在の生活だけを豊かにするのではなく、未来の幸せにもつながる。GDPにこだわってばかりいると、足元だけしかみていないことになりかねない。

この未来というのは、僕たち自身の未来であり、未来の世代の現在だ。

幸せな未来にたどりつくために、僕たちがするべきことは何だろうか?

最後の第3部では、社会全体の問題について考えていく。

第3部

社会全体の問題はお金で解決できない。

QUESTION

10

次のうち、政府が集めた税金で解決できる問題はどれだろうか？

A　貧困問題

B　年金問題

C　政府の借金の問題

ANSWER

A

貧困問題

これまで見てきたように、社会全体の視点では、お金は増えることはなく、流れることに意味があった。僕たちがお金を流すことで労働が結びつき、モノが作り出される。そのモノがもたらす効用が人々を幸せにしている。

別の言い方をすると、社会の中でのお金の役割は、労働の分配とモノの分配を決めることだ。労働の分配とは、労働をどこに投入するかということ。アパート建設なのか、スマートフォンなのか。数学や量子力学、IT技術などの研究活動や、新たな制度を考えることにも労働は振り分けられる。この労働の分配は、投資や消費などのお金をどこに流すかで決まる。

そして生産されたモノの分配は、お金を流した人が決める。お金を流した人が生産されたモノを使う場合もあれば、寄付やプレゼントによって他の人が使うこともあるし、道路のように政府が流したお金で作られたモノなら、みんながタダで使うこともある。

社会が抱える問題の中で、お金で解決できるのは、それが分配の問題のときだけだ。貧困で、必要な物資が買えない人がいれば、生活保護という名前のお金を配ればいい。そのお金を使えば、モノの分配が変わる。保育園が足りなければ、保育対策の予算をつけることで社会の中の労働の分配が変わる。社会の一部で労働やモノが足りないときは、お金によってその分配を変えて、解決を図ることができる。

しかし、社会全体で労働やモノが不足しているときは、お金ではどうすることもできない。江戸時代に幾度となく起きた飢饉では、国中の米が不足し、多くの人が餓死した。お金をどんなに配っても問題解決は不可能だ。

年金問題や政府の借金の問題などは、社会全体の問題だ。分配で解決する問題ではない。**社会全体の問題はお金では解決できないのだ。**しかし、僕たちはつい、社会全体の問題も、お金で解決できると思いがちになる。

僕たちは、何かを錯覚している。お金ではない解決方法を探さないといけないのかもしれないし、問題は別のところにあるのかもしれないし、そもそも問題を抱えていないのかもしれない。

これらの問題を難しくする一番の原因は、お金を中心に経済を考えていることだ。人を中心に考えると、ずっとシンプルに、直感的になる。「誰が働いて、誰が幸せになるのか」に注目するだけだからだ。

もう一つ厄介なのは、社会＝国ではないことだ。僕たちの生きている社会全体とは、日本という国ではない。鎖国していた江戸時代であれば社会＝国でよかったが、現代を生きている僕たちは、他の国と依存しあって生きている。僕たちの社会は、地球全体に広がった。

つまり、社会全体の財布には外側が存在しないのは確かだが、国の財布には外側は存在しているのだ。

そこで、まず、日本という国の財布について考えてみよう。他の国との貿易が表すものは何なのか。その上で、政府の借金の問題や年金問題について考えていく。

第8話

貿易黒字でも、生活が豊かにならないのはなぜか？

貿易でお金を稼ぐと外国から非難されることもある。

お金を稼ぐことは悪いことなのだろうか。お金ではなく人を中心にして考えると、貿易の見え方も変わる。国の財布について考えながら、お金を貯めることの意味を考えていこう。

QUESTION

11

日本はアメリカとの貿易で毎年数兆円も稼いでいる。この貿易によって、生活をより豊かなものにしているのは、どちらの国の人々だろうか？

A　アメリカ

B　日本

C　同じくらい生活が豊かになっている

ANSWER

A

アメリカ

貿易で儲けることは悪いこと？

ホワイトハウスの前で、数人のアメリカ議員たちがハンマーを振り上げている。次の瞬間、日本製のラジカセが容赦なく叩き壊された。狂気の沙汰にも見えるが、彼らを取り巻く人々からは、悲鳴ではなく歓声が上がっていた。

これは、１９８７年にアメリカで流行っていた「ジャパンバッシング」のパフォーマンスの話だ。当時、アメリカでは失業者が増えており、その怒りの矛先が日本に向けられていた。

1960年代から1970年代にかけて、高度成長期を迎えた日本は戦災から復興し、生産力を伸ばしていく。ついにはアメリカに次ぐ世界第2位のGDPを誇るまでに成長し、1970年代の終わりには、ラジカセやテレビ、自動車などの工業製品を次々に海外に輸出するようになった。それ以降、貿易黒字(日本の輸出総額から、輸入総額を引いた額)を拡大してきた。

1987年には日本の貿易黒字は10兆円を超え、そのほとんどはアメリカとの間の貿易黒字(アメリカにとっては貿易赤字)だった。その結果、アメリカでは家電業界や自動車業界の売上が圧迫され、多くの失業者を抱えてしまった。「アメリカの商品も輸入しろ」という圧力が強まり、牛肉とオレンジの輸入を増やす努力を日本に求めていたのが、当時の状況だ。

「貿易黒字で多くのお金を手にした日本の生活は豊かになるが、収入の減ったアメリカの生活は苦しくなる。こんな不公平は許されない。日本もアメリカの商品を買うべきだ」

アメリカがそう主張しているように聞こえる。だが、日本が貿易黒字を増やせば増やすほど生活が豊かになるのは、実はアメリカのほうだ。

貿易黒字とは「外国のために働くこと」

アメリカは日本から大量の工業製品を輸入している。外国からモノを買うというのは、一体どんなことなのか。経済の羅針盤を見直してみよう。

経済の羅針盤

◎誰かが働いて、モノが作られる

◎モノの効用が、誰かを幸せにする

→**「誰が働いて、誰が幸せになるのか」を考えることが重要**

〜〜〜〜〜〜〜〜〜〜〜〜〜〜〜〜〜〜〜〜

○お金の価値は、将来、誰かに働いてもらえること

○お金は増減せずに、移動する

貿易におけるお金の動き

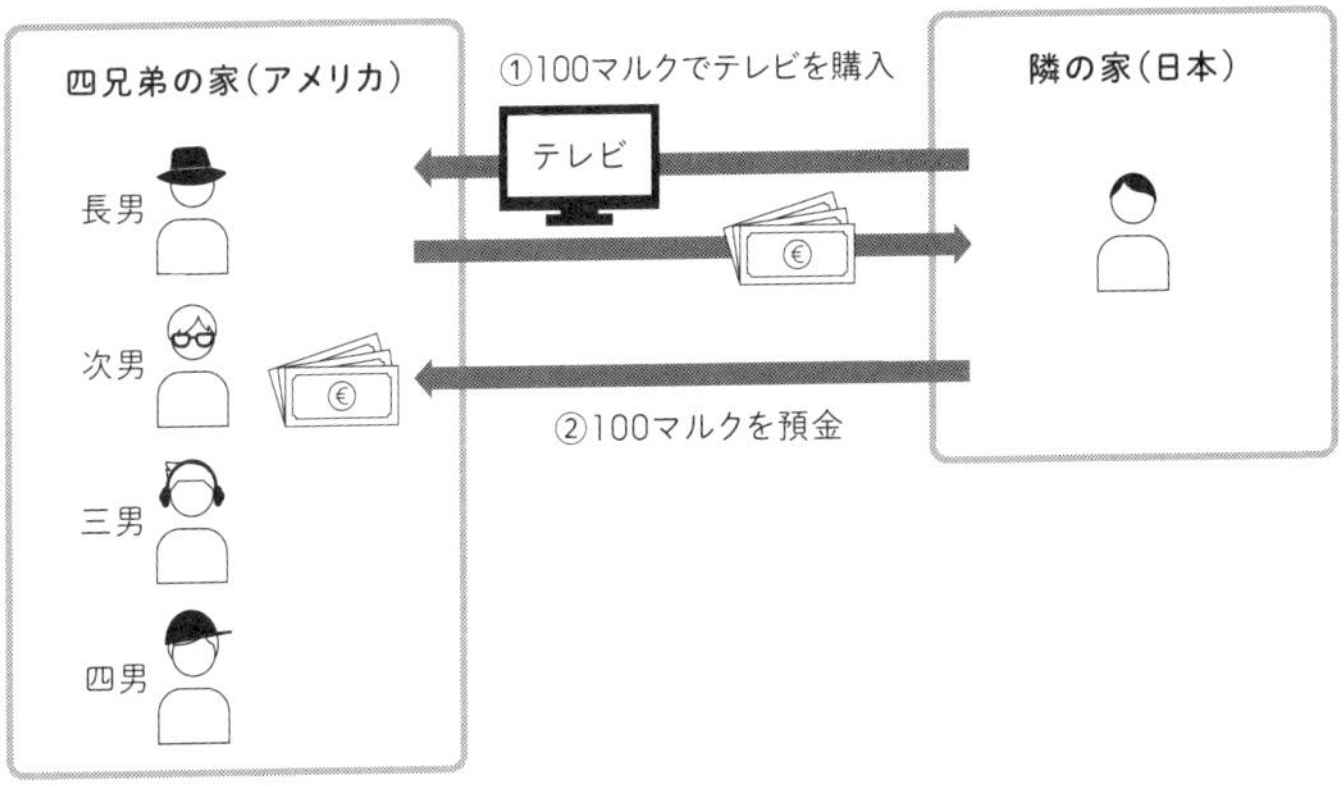

ここでもう一度、第1話の家庭内通貨マルクを使う四兄弟の一家で考えてみよう。あなたは、四兄弟の長男だとする。

隣の家で、性能の良いテレビを作っているという話を聞いたあなたは、どうしても一台欲しくなった。そこで、隣の家に行ってお願いをする。

「どんなことでもするので、テレビを一台譲ってほしい」

自分の労働と引き換えにテレビを譲ってもらおうと思ったのだが、驚くべき返事が返ってきた。

「いいですよ。その代わり、あなたのおうちの通貨を100マルクください」

なんと、四兄弟の家だけで使っている家庭内通貨のマルクを受け取ると、隣の人はテレビを譲ってくれたのだ。さらに、こんなお願いをしてきた。

「このマルクはあなたの家でしか使えないので、預かっておいてください」

そう言って、銀行の役割をしている次男に100マルクを渡してくれた。

次男が預かった100マルクを三男に貸せば、三男もテレビを買える。そして、その購入代金も、次男に預けてくれる。

あなたの家は、テレビを手に入れるために汗水垂らして働く必要はない。汗水垂らすのは、テレビを作ってくれる隣の家だ。さらに、購入したお金も貸してくれたわけだから、お金も出て行っていない。そのお金を再び使うこともできる。

お金だけ見ていると、マルク預金を増やしている隣の家が儲けていると感じる。しかし、「誰が働いて、誰が幸せになるのか」を考えると、印象がガラッと変わる。隣の家の人が働いて、あなたの家の生活が便利になっているのだ。

ただ一人、四男が文句を言うかもしれない。

「隣の家のせいで、僕が作っているテレビを兄弟が買ってくれなくなった！」

これが、アメリカで失業者が増えた状況だ。確かに、一時的に四男は仕事を失う。

だけど、テレビが売れないなら別のモノを生産すればいい。今までテレビの生産に使っていた労力をパソコンの開発に使うこともできる。パソコンが完成すれば、あなたの家の生活はさらに快適なものになる。

このあなたの家の視点こそが、貿易赤字を膨らませているアメリカの視点だ。アメリカが日本に怒るのは筋違いな話だったのだ。

では、日本の立場だとどうだろう。

アメリカに工業製品を輸出しているから、大量のドルが手に入る。日本の生活を豊かにするには、ドルを使ってアメリカの人たちに働いてもらえばいい。でも、僕たちは使わずに貯めている。日本が大幅な貿易黒字ということは、日本の輸出よりも輸入のほうがずっと少ないことを意味する。僕たちはアメリカの人たちにそんなに働いてもらっていない。

だから、いまの生活をより豊かにしているのは、日本ではなく、アメリカになる。

問題の正解はAなのだ。

その代わり、貿易黒字によって貯めた外貨を使えば、将来、アメリカに働いてもらえる。**貿易黒字とは、今の生活を豊かにすることではなく、将来のために「労働の貸**

し」を作ることなのだ。

より正確には、「労働と資源の貸し」と言える。また、いつも公正で公平な貿易が行われているわけではなく、立場の弱い国の労働が不当に安く買われる場合もあれば、資源国など立場の強い国が、労働以上に不当に儲ける場合もあることには留意しないといけない。

国の財布には「労働の貸し借り」が入っている

社会の財布には外側が存在しないから、お金を増やせないという話をした。国際社会の中で生きている僕たちにとって、社会＝国ではない。国全体を包み込む「国の財布」には、外側が存在している。

国の外側にいるアメリカの人たちのために働いてドルを手に入れておけば、将来困ったときに、彼らに働いてもらえる。

このドルは、アメリカの銀行に預けられている。どうして日本に持って帰らないのだろうか。使わないとしても、アメリカの銀行に貸すよりも、円に両替して、日本の

すべての外貨を両替できるわけではない

日本の持つドルはアメリカの持つ円よりずっと多い

銀行に貸してあげたほうが日本のためにもなりそうだ。

だけど、両替するのは難しい。銀行に行ってドルを円に替えてもらえるのは、逆の取引、つまり円をドルに交換したいと思うお客さんがいるからだ。

たとえば、日本に小麦を売って円を手に入れたアメリカの小麦農家がいる。彼らは、円を持っていても仕方ないからドルに替えたいと思っている。だけど、日本の自動車メーカーが手にしたドルの量のほうが、アメリカの小麦農家が保有している円の量よりも圧倒的に多い。日本が輸出によって手に入れたすべてのドルを、円に換えることは難しい。

そのため、貿易で稼いだ日本の企業は、獲得した大量のドルの大部分をそのまま保有して、アメリカの銀行に預けている。もしくは、ドルで運用している。

この「労働の貸し」を作るのは、外貨であれば何でもいいわけではない。その国が政治的に不安定だったり、十分な労働力がない国だったりすると、将来、本当に働いてもらえるかどうかわからないからだ。誰もが、将来も安泰な国の通貨を保有したいと思っている。アメリカは強い軍事力を背景にいつまでも存続しそうだし、多くの労働力を抱えた大国だ。

アメリカの輸入額は輸出額よりもはるかに多く、2020年一年間のアメリカの貿易赤字は日本円に換算して70兆円を超えた。日本だけではなく、多くの国がアメリカのために働き、「労働の貸し」を作っている。日本はこれまで、どの国よりも大量の「労働の貸し」を作ってきた。

日本という国の財布の中身

日本はこれまでアメリカなどの外国のために働き続け、左ページのグラフが示すよ

日本の貿易黒字

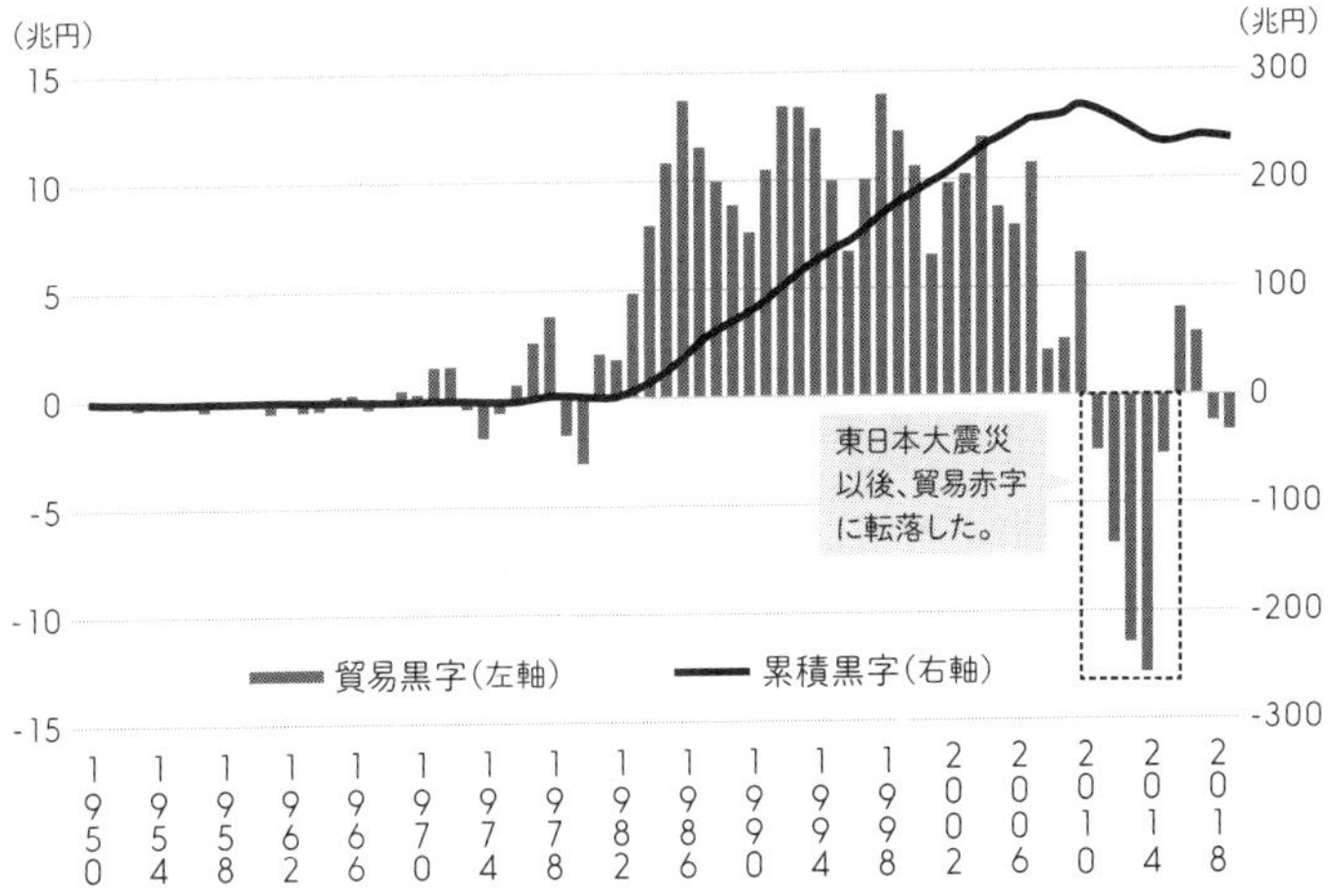

出典：財務省貿易統計

うに積み上げた貿易黒字は２４０兆円（２０１９年末時点）に達する。

このお金すべてがアメリカの銀行口座に眠っているわけではなく、いろいろな形で運用されてきた。アメリカの国債を買ったり、アメリカの株を買ったり、不動産を買ったりしてきた。たとえば日本の金融機関や企業が保有しているアメリカ国債は日本円に換算して１２６兆円にのぼり（２０１９年末時点）、その利子は年間数兆円単位になる。

こうした運用によって、日本（の政府や企業や個人）が外国に持っている純資産は364兆円に達している（2019年末時点）。これは、世界中の他のどの国よりも大きく、「国の財布」が保有する預金のようなものだ。

でも、あなたはこう思わないだろうか？

「その364兆円は自分のお金ではない。政府や企業が持っているお金だから、自分とは関係ない」

しかし、実は気づかないところで大きな恩恵を受けている。僕たちは、あたりまえのように海外旅行に行ったり外国の製品を買ったりしているが、銀行で簡単に外貨に両替ができるのは、持っている外貨を円に替えたい人たちがいるからだ。これまで外国のために製品を作ってきて大量の外貨を蓄積している日本企業が存在するから、彼らに外貨を譲ってもらうことができる。

持っている外貨と引き換えに円を欲しがる人は、他にもいる。日本に旅行に来たり、日本製品を買ったりする外国の人たちだ。そういう人たちが世界中に多く存在するのも、日本のサービスや日本製品の品質の高さが日本の労働への信用を培ってきた結果とも言える。こうした外貨の蓄積や信用の蓄積があるから、外国のために働いたことがない人でも、外貨という「労働の貸し」を簡単に手に入れられる。

もしも、それらの蓄積が日本になければ、外国製品を手に入れることも海外旅行に行くこともできなかった。まずは外国の人たちのために働いて、外貨を稼ぐことから始めたからこそ実現しているのだ。

そして、この**「労働の貸し」があるから、困ったときに外国に助けてもらえる。**

2011年の東日本大震災では、東北を中心に日本は壊滅的なダメージを受けた。工場などの生産設備が使えなくなり、日本の生産力は大幅にダウンし、さらに交通インフラや建物の再建など、震災の復興に多くの労働力を使う必要があった。

それでも物資が不足しなかったのは、輸入を増やすことで外国の労働力に頼ることができたからだ(被災地の物資不足は起きたが、それは流通網の分断による別の問題だ)。

震災後、10兆円を超える大幅な貿易赤字に転落した年もあったが、経済がさほど混乱しなかったのも、これまで蓄積してきた「労働の貸し」を使うことができたからだ。「国の財布」の中に「労働の貸し」を大量に持っていることで、過去の人たちに助けてもらいながら、現在の僕たちは生きている。

では、反対に「労働の借り」とは何だろうか?

「労働の借り」が将来世代を苦しめる

日本が保有しているドルを使うと、アメリカの人たちが働いてくれる。このドルは日本からみれば「労働の貸し」だが、アメリカにとっては「労働の借り」になる。

「労働の借り」とは、外国に働いてもらったときに支払ってきた自国通貨の量だ。そして、その額は預金の利息や運用によって増えているかもしれない。

日本にとっての「労働の借り」は、外国が保有している円貨の総量になる。外国に働いてもらって円を支払えば支払うほど、国としての「労働の借り」は増えていく。

将来、外国がその円を払えば、日本国内の誰かが外国のために働くことになる。つまり、「労働の借り」を作ると将来世代に負担を残すことになる。四兄弟の家が働かずにテレビを手に入れたのも、「労働の借り」を隣の家に対して作ったからだ。将来、預金しているマルクが使われたときには、きっちり働いて返さないといけない。

日本という国の財布にはさまざまな国の外貨が入っていて、「労働の貸し」を蓄積している。一方で、外国に保有されている円によって「労働の借り」も蓄積されている。

この「国の財布」は非常に厳格だ。

個人の財布であれば、お金が足りなくて困っても助けてもらえる。税金を免除してもらったり、政府から給付金をもらえたりする。しかし、国の財布はそうはいかない。困ったときに誰も助けてくれない。そして、個人の財布とは違って、相続放棄することはできない。外国が円を使えば、次の世代がきっちり働いて返すことになる。「僕たちの世代は関係ない」という言い訳は通用しないのだ。

189ページの貿易黒字の推移は、「労働の貸し」と「労働の借り」の差分を表している。現在の日本は、将来世代にとっての「労働の貸し」が圧倒的に多い状態であることは間違いない。

だからと言って「労働の貸し」を浪費するわけにはいかない。将来、本当に困ったときに外国に助けてもらえなくなる。国同士の労働の貸し借りが、貿易を通して行われている。国内の労働を有効に使わないと、そのしわ寄せは将来世代へ行く。

労働の無駄遣いは国を滅ぼす

この貿易の話を踏まえて、経済効果の話を振り返ってみよう。

新紙幣の発行には1・6兆円の経済効果があり、GDPを1・6兆円分増やすが、お金はただ移動するだけで全体のお金の量は変わっていないという話をした。

社会全体ではお金の量は変わらないのだが、貿易によって国の外にお金は出ていく。印刷機械やATMを作るための材料や部品、燃料などを外国から輸入するたびに、国内の円貨は次々に外国の財布に流れていく。数千億円規模の「労働の借り」を作ることになり、将来世代が働いて返すことになる。「どれだけの労働が、どれだけの幸せをもたらすのか」を考えて、経済活動を行う必要がある。

「労働の借り」を増やすと、将来外国のために働く人が増えて、自国のために働く人が減る。自分たちの生活が苦しくなってしまうのだ。

これは、世界中でたびたび起きている。

次の話で、過去の歴史を振り返ってみよう。

第9話

お金を印刷し過ぎるから、モノの価格が上がるのだろうか？

お金の量が増え過ぎると、急激にモノの価格が
上昇し続けることがある。ハイパーインフレと
呼ばれる状態だ。これまで、世界中で幾度となくハイパーインフレが
起きて、その度に多くの人々の生活が苦しくなっていた。

QUESTION

12

ハイパーインフレが起きているとき、
人々の生活を苦しめている根本的な原因は
次のうちどれだろうか？

A　お金の価値が下がること

B　社会が混乱すること

C　労働が足りなくなること

ANSWER

C

労働が足りなくなること

4000億マルクのパン

　重そうなバッグを抱えた女性がパン屋に入っていく。開いたバッグの口からは札束がこぼれそうだが、誰も振り返りはしない。当時のこの国では、それは人々の視線を集める光景ではなかった。

　ここは、1923年のドイツ。政府が大量の紙幣を発行して、紙幣の価値が紙くず同然になっていた。あらゆる物の価格が跳ね上がり、町中に奇妙な光景があふれていた。買い物に行く人々は手押し車で大量の札束を運び、子どもたちは積木よりも簡単に手に入る札束を積み上げて遊んでいる。パン屋から出てきた先ほどの女性は、すっかり身軽になっていた。大量の札束は、たった2個のパンに変わっていたのだ。

1923年1月に250マルクで買えていたパンは、同年12月には4000億マルクまで高騰。その前後の期間も含めると、物価は全般的に1兆倍になった。紙幣の価値は1兆分の1になり、100兆マルク紙幣が発行されるまでに至った。国中で物資不足に陥り、人々は苦しい生活を強いられた。

このときのドイツのように、紙幣を大量に発行したり政府が国債を発行して多額の借金をすると、紙幣の価値が急激に下がるハイパーインフレが起きる。

現代の日本でも、国債の発行残高が増えていて、1000兆円を軽く超えている。「このままだと、現在の日本も、戦後のようにハイパーインフレになる。食料などの生活に必要な物資が買えなくなって、みんなの生活が困窮してしまう」という専門家の話を耳にすることもある。

たしかに、終戦後の日本政府も国債を大量に発行していた。戦後の5年間で物価は85倍に跳ね上がり、生活に必要な物資が手に入らなくなっていた。

だから、この専門家の意見に「なるほど」と思いそうになるが、よく考えると何だか奇妙じゃないだろうか。お金の価値が下がろうとも、人々が働いているなら物資は生産されている。必要な物資が手に入らなくなるのは別の理由があるはずだ。

モノが不足するあたりまえの理由

ここまで何度も書いてきたように、モノを作るのはお金ではない。働く人だ。自然資源と労働がモノを作るというのは、現在も変わらない大原則だ。

とすると、モノが足りなくなる原因として考えられるのは、次の4つだろう。

①自然資源が足りないから
②労働が足りないから
③何かが生産を邪魔しているから
④誰かがモノを独占しているから

江戸時代の日本では、自然災害や天候不順などによって米などの作物の収穫高が激減し、何度も飢饉が起きていた。その度に食料価格が高騰した（物価が全般的に高騰したわけではない）。これは①による物資不足だ。結果として食料品の価格が高騰する。

昭和に2度起きたオイルショックでも、石油という自然資源が不足するという不安から、人々が買い溜めしようとして生活雑貨などを中心に価格が上昇。小売店も価格上昇の期待から売り惜しみしたことによって、一時的に物資不足に陥った。買う側にも売る側にも、値上がりを予想して必要量以上に手に入れようとする人々が多数現れた。つまり、①と④が複合的に起きていた。

そして、戦争中もモノ不足に陥りやすい。多くの人が戦闘要員として戦争に動員されたり、軍需物資の生産にも駆り出されるため、生活に必要な物資の生産に充てられる労働は減ってしまう。また、敵国の攻撃で工場が破壊されれば、さらに生産力は下がることになる。これは②や③の理由に該当する。

では、1923年のドイツや戦後の日本のように政府が紙幣や借金を大量に増やすことは、①から④のどれに該当するのだろうか。物価が高騰したせいで経済が混乱したから、物資不足になったのだろうか。そうだとすると、③のようにも思える。

しかし、根本的な原因は②なのだ。政府がお金の量を増やしているとき、知らないうちに国民の労働が奪われている。歴史を振り返って、ドイツと日本の例を詳しく見ていこう。

惜しげもなく「労働の借り」を増やしたドイツ

1923年のドイツの状況を知るには、その4年前に遡る必要がある。第一次世界大戦で敗戦したドイツは、1919年のヴェルサイユ条約で、戦勝国のフランスやイギリス、アメリカなどの国々に対して毎年多額の賠償金を払うことを約束した。その後、支払いについて話し合いが繰り返され、最終的には外貨で支払うことになった。

しかし、疲弊したドイツには外貨を稼ぐ力は残っていなかった。戦争で多くの死傷者を出して生産力は激減していたし、ドイツの炭鉱で生産される多くの石炭を毎年戦勝国に無償で提供する義務も負っていた。

そこでドイツ政府は大量の紙幣を発行して外貨を購入し、賠償金を支払うことにした。紙幣を刷るだけでいいなんて楽な解決法だと思うかもしれないが、第8話の輸入の話と同じだ。外貨を「輸入」するために、大量に印刷した自国の紙幣を外国に渡した。つまり、惜しげもなく「労働の借り」を大量に作ったことを意味する。

外国が受け取ったドイツ紙幣が金庫の中に保管されたままならば、何も問題はない。しかし、その大量の紙幣が使われると、知らないうちに国内の労働力は奪われる。ドイツの人々は外国のために働き、外国のためにモノを作る。国内に行き渡る物資が減っていくのは必然だ。

1923年1月には、ドイツのルール地方がフランスやベルギーによって占領された。ここはドイツが生産する石炭の7割以上、鉄鋼の8割以上を産出する工業国ドイツの心臓部だ。この出来事自体もモノ不足に拍車をかけたのだが、さらに事態を悪化させたのは、ドイツ政府がそこで働く大量の労働者たちにストライキを呼びかけて、賛同した労働者に給料を支払ったことだ。ここで使われたお金も、モノ不足の原因になっている。

もし、労働者がフランスから給料をもらって炭鉱で働いていたなら、彼らはフランスの紙幣を使って生活できたはずだ。ところがドイツから給料をもらってストライキに参加すると、ドイツの紙幣を使って生活することになる。つまり、彼らが生きていくために、他のドイツの人々を働かせることになるのだ。

こうして考えると、ドイツをモノ不足に陥らせたのはお金の量を増やしたことではない。そのお金の使い道だ。外貨の購入やストライキに参加した労働者への給与の支払いによって、国内の労働を奪ってしまったことだ。

戦争の被害や、工業地帯が占領されたことに加えて、国内の労働を十分使えないことが、モノ不足を加速させた。お金の量が増えていることだけに目を向けていると、労働が奪われることに気づけない。

終戦後の日本でも、同じようなことが起きていた。

労働を奪うために増やされるお金

1945年8月15日、日本は終戦を迎えた。平和を取り戻したはずの日本を待ち受けていたのは、深刻な物資の不足だった。

第二次世界大戦当時7000万人ほどだった日本の人口のうち、犠牲になったのは200万人とも300万人とも言われている。その多くが働き盛りの人たちだ。空襲などによって日本の大都市の多くは壊滅的な被害を受け、住宅や工場などが焼失した。働く人も足りなければ、生産設備も足りない。

さらに、日本国内の工場設備の多くが賠償のために撤去され、中国やオランダなどに持ち出された。戦争の爪痕によって、日本の生産力は著しく低下していた。

1945年の国内の農産物の生産高は10年前の6割程度に落ち込んでいた。また、鉱工業の生産量は10年前の4分の1にまで低下していた。

そして先ほどのドイツと同じように、政府によって使われた大量のお金が、国の中の労働を奪っていく。終戦直後の1946年予算では、総額の3分の1もの金額が、日本を占領する連合国軍に対しての戦後処理費として支払われている。

これは、お金の問題ではなく、労働力の問題だ。それだけ多額のお金を連合国軍が使うということは、国内の大量の労働力が彼らに奪われることを意味する。実際に、連合軍の兵舎や宿舎の建設や物資調達など、連合国軍の仕事や生活のために多くの人が働いた。

戦後、大幅に生産力が下がっていた状況でさらに労働が削られれば、物資が不足することは避けられない。お金の量が増えようと増えまいと、食糧などの必要不可欠な物資が足りないときは、お金に糸目をつけていられない。買える範囲の金額であればいくらでもお金を払おうとする。価格が高騰するのは必至だ（※1）。コロナ禍のマスクの高騰と同じように。

ハイパーインフレを避けるのが目的なのであれば、その方法はあった。戦時中と同じように国内の生産活動をコントロールして、価格統制を行い、物資を配給制にすればいい（※2）。連合国軍にお金を渡すのではなく、物資を直接渡したり、彼らのために働く人々を直接派遣したりすればよかったのだ。そうすれば、国債を発行する必要もなければ、物価も高騰しない。だけど、根本的に生産力不足を解決できないのだから、物資が不足してしまうことには変わりない。

（※1）物価（総合物価卸売指数）が85倍に高騰した戦後の5年間に国債発行残高も増えていたが、たかだか3・6倍だった。

（※2）戦時中の日本は700万人もの人々が戦闘員として駆り出され、さらに国家総動員法によって兵器や弾薬、装備品などの軍需物資の生産が優先された。当然、生活に必要な物資は不足していた。また、価格統制によってモノを高く売ることは禁止されており、生活に必要な物資はわずかながら配給されていた。その結果、戦時中の物価上昇は限定的で、1940年から1945年にかけての5年間の物価（総合物価卸売指数）の上昇は1.6倍にとどまった。なお、同じ期間に国債発行残高は4.7倍に膨らんでいた。

お金にできるのは「困る人を変えること」だけ

ドイツや日本の例のように、ハイパーインフレが起きる前に、すでに国内の生産力は落ちている。少ない生産力に困った政府が、お金を増やすことに頼ってしまった結果がハイパーインフレだ。

国債の発行や紙幣の印刷でお金を増やしたところで、労働力の不足が埋まるはずがない。増やしたお金が使われるときに、労働力が奪われる。ただでさえ足りない労働力が生活に必要な物資の生産以外に使われたから、モノ不足が激しくなった。

お金にできることは、労働の分配とモノの分配でしかない。お金を増やしても、労働不足もモノ不足も解決できない。

僕たちが直面している年金問題も、労働不足、モノ不足の問題が絡んでいる。根本的な原因は、高齢者が増加し、現役世代と呼ばれる働く人の割合が減少することにある。現役世代が減少していくと、生産力も減っていく。必要なモノが手に入らず、生活できなくて困る人が出てくる。

このとき、高齢者が受け取る年金が不足しているとしよう。必要なモノが手に入らなくて困っているのは、お金が不足している高齢者だ。では、政府にお金を出してもらえばいいのだろうか。残念ながら、政府ができるのは「困る人を変えること」でしかないのだ。

たとえば、現役世代に重い税負担を課して、高齢者に十分な年金を支払う。高齢者は生活できるが、現役世代が生活できなくなる。困る人が現役世代に変わるだけだ。

国債の発行などで、現役世代も高齢者も十分なお金を手にすることができたらどうか。やはり、国全体のモノ不足は解消されない。お金が増えてもモノが生産されるわけではないからだ。物の価格が上がり、みんなに十分な物が行き渡らなくなり、全員が少しずつ我慢することになる。

国全体の生産力が落ちてから気づいても、年金問題は解決できなさそうだ。未来を変えるために、今の僕たちにできることを考えないといけない。

その前に、もう1つ考え直すことがある。政府の借金についてだ。

先ほどのドイツ政府も日本政府も国債を発行していたが、それによって働く人が増えたわけではないのは明らかだ。ところが、僕たちはこう思っている。

「政府が国債を発行すれば、将来世代に負担を残す」と。

将来世代は、誰かに働いて返さないといけないのだろうか？

第10話

なぜ、大量に借金しても潰れない国があるのか？

借金を増やし続ける家庭はいつか破産してしまうのに、
現在の日本政府の借金は1000兆円を超えているが破産していない。
これは何も不思議なことではない。不思議に感じるのだとしたら、
「政府の借金」の意味を誤解している。

QUESTION

13

日本政府が借金を増やすことは、将来世代を苦しめるのだろうか？

A 当然、苦しめる

B そのお金で何を作ったかによる

C そのお金で誰に働いてもらったかによる

ANSWER

C

そのお金で誰に働いてもらったかによる

「未来の人に働かせる」ことはできない

2020年、新型コロナウィルスの影響で生活は一変し、リモートワークが普及した。距離を超えて遠くの人に働いてもらうことは可能になったが、時間を超えて未来の人に働いてもらうタイムマシンは未だに作られていない。

それなのに、「政府が借金をすると、将来の国民を働かせることになる」と思うのはどうしてだろうか?

2020年度の政府予算は128兆円。次ページのグラフを見てみよう。

上の歳入(日本政府の収入)は、128兆円をどうやって集めるのかを示す。税金による収入(租税及び印紙収入)は半分の約64兆円。残りの大部分の58兆円を借金(公債金)で補う予定だ。

下の歳出(日本政府の支出)の円グラフは、何にお金を使うのかを示す。ほとんどは国民の生活のために使われるが、24兆円(国債費)は借金の返済に充てられる。そのうち元本の返済が15兆円、残りは利息の返済だ。

この1年で15兆円の借金を返済しながら58兆円を新たに借りる。たった1年で43兆円の借金を増やすのだ。

2020年は新型コロナウィルスの蔓延という特別な事情があったが、例年30兆円前後の借金を増やし、その総額は1000兆円を超えている。

この状況を見て、「毎年、国債発行という『打ち出の小槌』を振って政府はお金を使っている。将来世代に押し付ける借金がどんどん増えている」と心配する声は大きい。どう考えても深刻な問題のように思える。

だけど、なんかおかしくないか？

2020年度の日本政府の収入と支出

一般会計歳入

(単位:兆円)

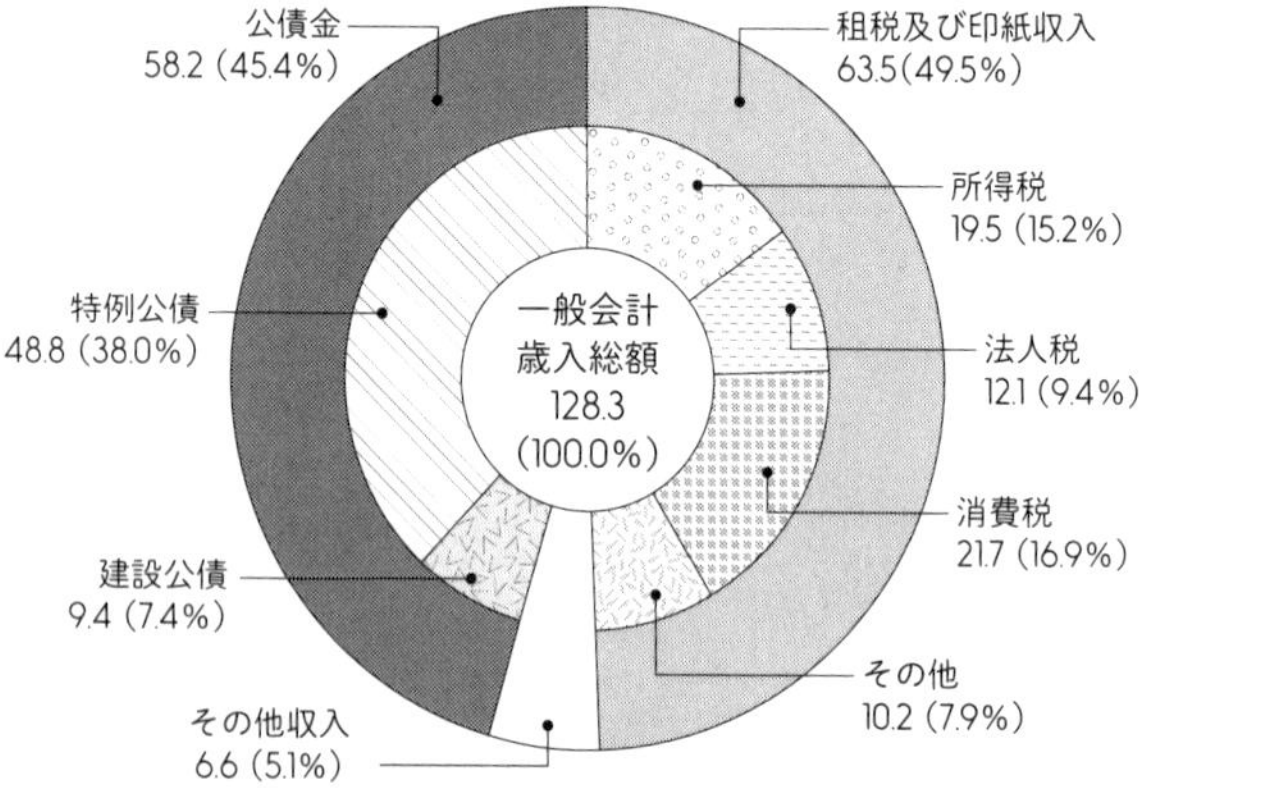

一般会計歳出

(単位:兆円)

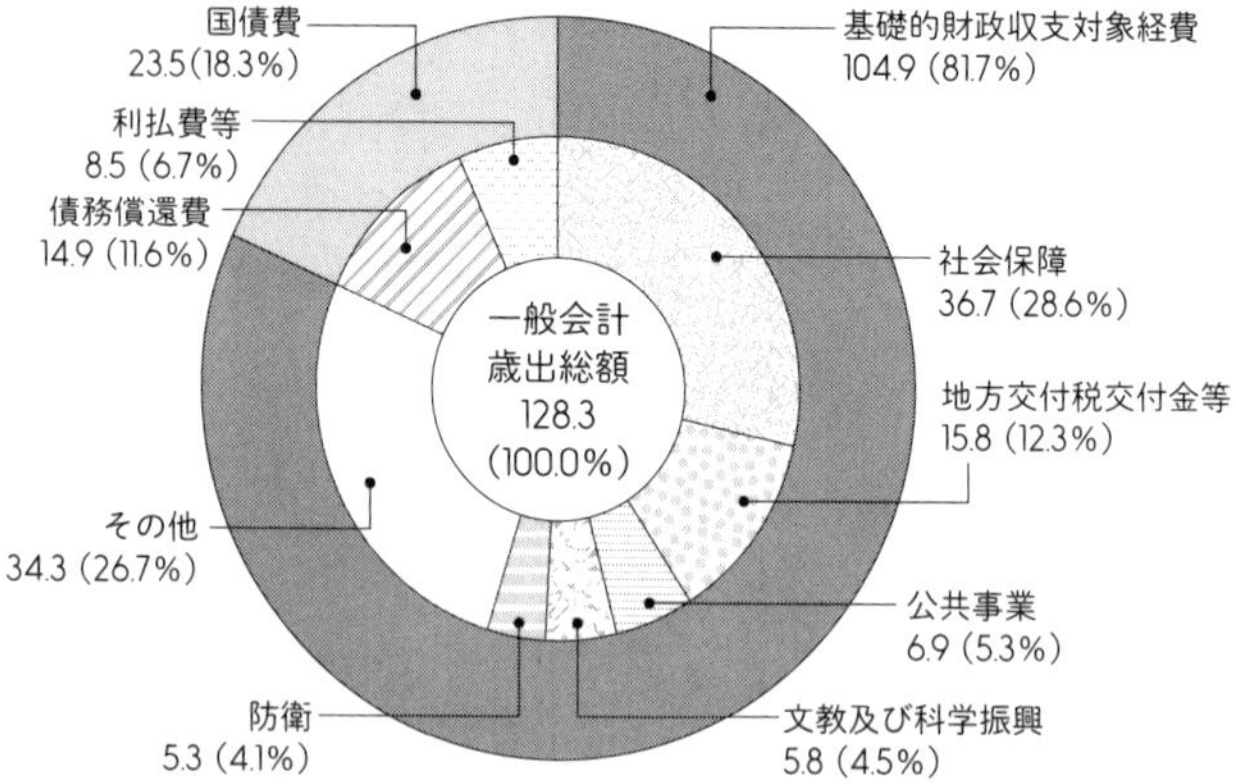

出典:財務省ホームページ「令和2年度一般会計補正後予算歳出・歳入の構成」より抜粋して作成

本当に、借金を押し付けられた将来世代が働いて返さないといけないのだろうか。

未来の人に働いてもらうタイムマシンは存在しないはずなのに。

僕たちは何かを見落としている。政府の借金とは何なのか。

ヘッジファンドも挑んだ「政府の借金の謎」

膨大な借金を抱えているはずなのに、なぜか日本は破産していない。

本書の冒頭で紹介した「政府の借金の謎」に僕が出会ったのは2010年だった。

借金を膨らませすぎたギリシャ政府が財政破綻しそうになり、ギリシャ国債は大暴落。ヨーロッパの金融市場を混乱させた「ギリシャ危機」が起きていた。

ゴールドマン・サックスで日本国債のトレーディングをしていた僕のところには、海外のさまざまなヘッジファンドから連日のように取引の問い合わせがあった。

「膨大な借金を抱えている日本が財政破綻しないはずがない。ギリシャの次は日本の番だ」。そう考える彼らは、日本国債の空売りで大儲けしようとした。

テレビの中の専門家たちも「このままでは、数年以内に銀行が日本国債を買い支えられなくなる（銀行が政府に貸すお金が足りなくなる）。日本は財政破綻してしまう」と警告していた。

ゴールドマン・サックスの内部でも大きな問題になった。紙クズ同然になるかもしれない日本国債を取引し続けていて大丈夫か、と。

僕がたどり着いたのは「日本は破産しないし、国債が暴落することはない」という結論だった。事実、暴落は起きず、ヘッジファンドのほとんどが大損して去って行った。

そのときに「お金とは何か」、「借金とは何か」をとことん考えたことが本書の原点になっている。たとえば第5話で書いたように預金は借金の裏返しになっているから、専門家の警告したように政府に貸すお金が足りなくなる事態は、10年経った今でも起きていない。

こうした金融や経済の話になると専門的な話になりがちだが、どんな問題も本質はシンプルだ。この政府の借金の謎を解くために僕が考えたことも至ってシンプルだった。これまで何度も出てきた話だ。

「働いているのは誰なんだ？」

政府の予算はお金ではなく労働を配分する

先ほどの円グラフだけを見ていると、お金の出所しか見なくなり、予算さえつけば欲しいモノが手に入った気になる。でも、これまで何度も確認してきたように、働くのはお金ではなく、お金のむこう側にいる「人」だ。

これを書いている今、新型コロナウィルスが猛威を奮っている状況でも同じだ。医療現場が逼迫し患者を受け入れられないのは、政府の予算のせいではない。予算をつけても医療従事者を確保できなければ、医療サービスの提供は滞る。

現在の僕たちが得られるモノやサービスが増えるのは、予算が増えるからでも借金による将来の負担が増えるからでもない。現在の誰かの労働が増えるからだ。自分の労働が増えていなくても、必ず、誰かの労働が増えている。

給付金のように政府がお金をばらまく場合も同じだ。僕たちがその給付金でモノを手に入れることができるのは、誰かが働いてモノを生産してくれるからだ。

つまり、政府の予算の配分とは、僕たちの労働の配分を表している。多くの予算がつけられることで、多くの労働が投入される。

戦時下の国の政府が軍事関連の予算を大幅に増やすとき、生活が苦しくなるのは、軍事関係に多くの労働力を奪われるからだ。お金だけ見ているとその事実に気づくことができない。

政府がお金を使うとき、そのお金を受け取って働く人が必ずいる。僕たちの生活が豊かになるのは、彼らが働くことによって効用が生み出されるからだ。国債発行という打ち出の小槌を使って「楽」していることはありえない。

未来の人に働いてもらっているのではないにしても、政府の借金は積み上がっていて、いつかは返済を迫られる。でも心配はいらない。将来の世代は、働かずに借金を返すことができる。

働いて返すのは「働いてもらったとき」だけ

1500億円かけて建て直された新国立競技場。この費用を政府の借金で賄うのは将来世代の負担になるから申し訳ない、と思ったとする。
そんなとき、専門家がこんな説明をし始める。

「1500億円の借金をしても、1500億円の価値がある国立競技場が完成するのだから問題はない。いざとなれば、国立競技場を売ったら借金を返せる。1500億円の経済効果があるし、雇用も増える。経済を回すためには建設したほうがいい」

何だか釈然としない説明だ。この論理が正しいなら何を作ってもいいことになってしまう。20年後に国立競技場の価値が下がっていて500億円くらいの価値になっているかもしれないし、そもそも簡単に売れない。そうなると、借金返済のために1500億円の増税が必要になる。将来の国民は怒って、現在の僕たちを恨むだろう。

専門家と議論してもしょうがない。というよりも、お金を中心に経済を捉えていると、本質的な議論ができないのだ。

大切なことは、「誰が働いて、誰が幸せになるのか」。

人を中心に経済を捉え直すと、見え方が大きく変わる。

政府が借金をして使う1500億円はただ移動するだけだ。工事に関係するあらゆる会社や働く人々が受け取っている。受注した会社やその下請けの従業員たちだけではない。工事現場に配達されたお弁当の中の米を作る農家だって、受け取っている。この国立競技場を作ったのは、お金ではなく工事に関わった人々の労働だ。そして国立競技場の価値は、1500億円ではなく、国立競技場から得られる効用だ。

さて、将来の世界はどうなっているか。もちろん政府の1500億円の借金は将来の国民に受け継がれる(※1)。それと同時に1500億円の預金も受け継いでいる。

工事関係者に配られた1500億円のお金は、使われるたびに誰かの財布から誰かの財布へ移動はするが、消えはしない。財布の所有者が亡くなっても、誰かが相続している。政府の借金と同様、政府が使ったお金も未来の国民が受け継いでいる。

国立競技場が建設されて20年経っても、まだまだ使うことができる。そこには効用が存在している。将来の国民は、働かずして競技場を利用できる。その効用の分だけ得をしている(※2)。昔の国民の「おかげ」なのだ。

お金を中心に考えた場合

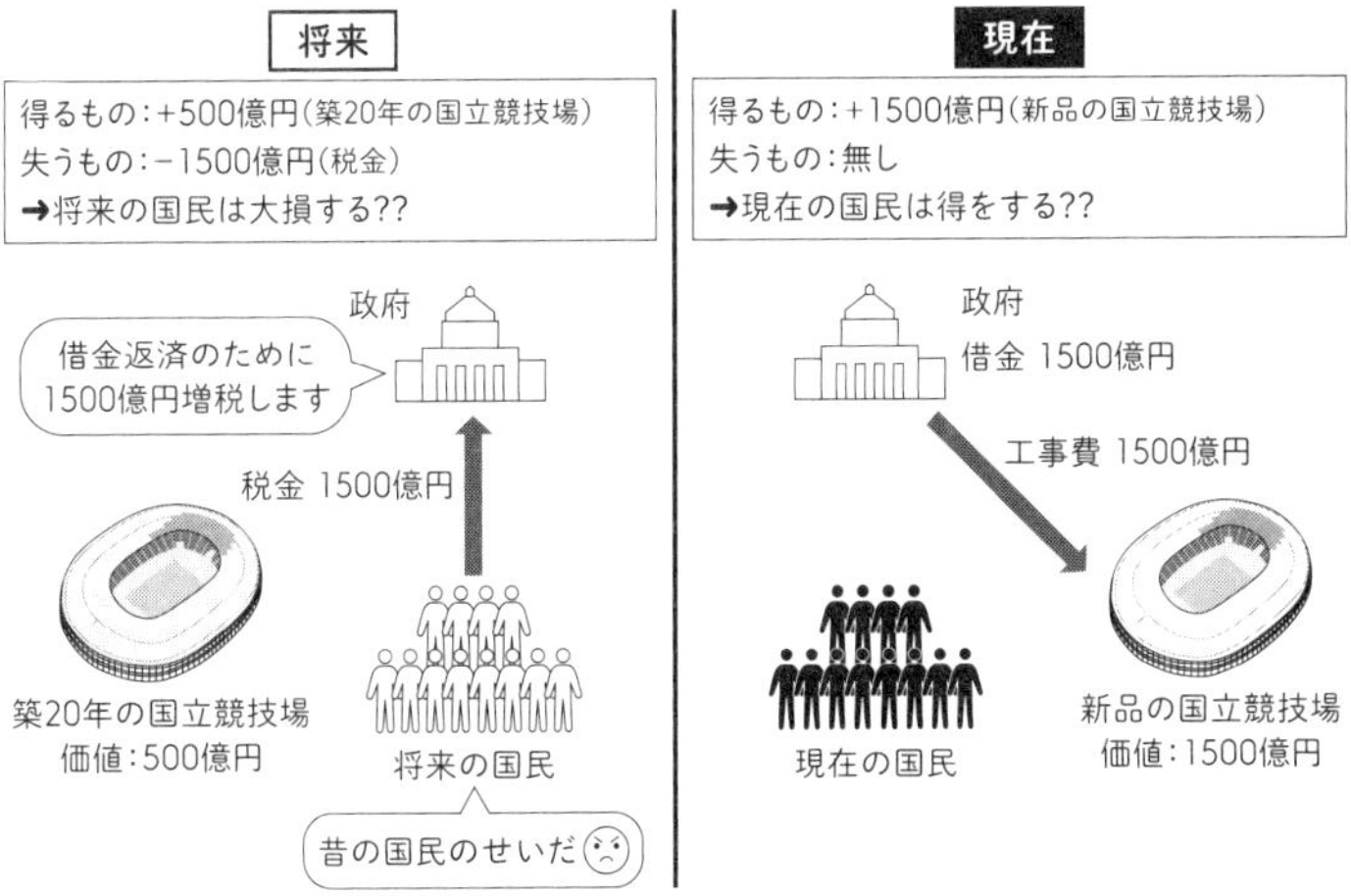

人を中心に考えた場合

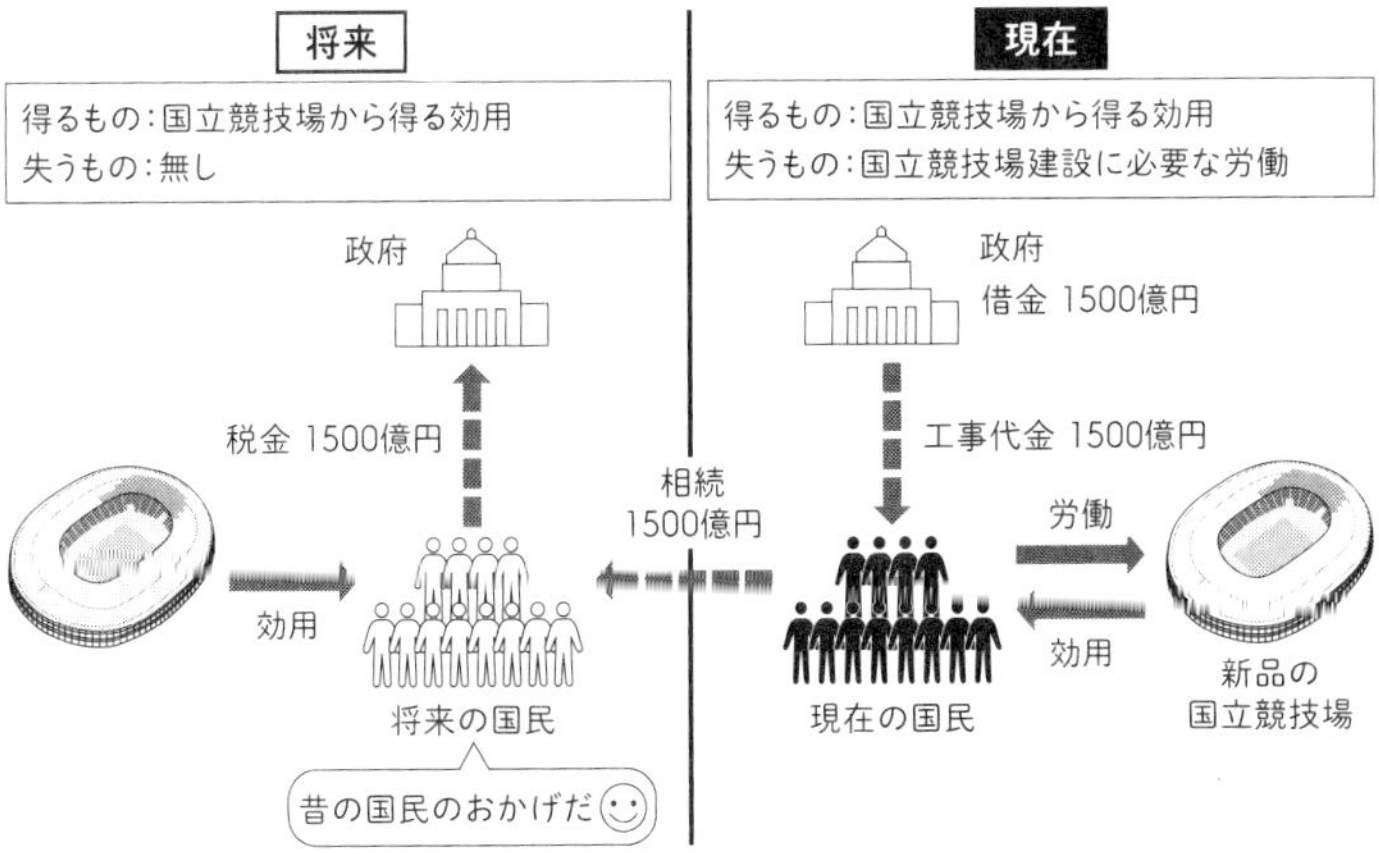

借金を増やし続ける家庭はいつか破産してしまうが、現在の日本政府の借金は1000兆円を超えているのに、まだ破産していない。**「誰が働いているのか」**を考えれば、これは不思議なことではない。

家の借金の場合、借金したお金で家の外の人たちに働いてもらう。外の人に働いてもらうのだから、いつかは働いて返さないといけない。あたりまえのことだ。

日本政府の借金については、そのお金で働いてくれた人が国の中の人である限り、働いて返さなくてもいい。国の中にある財布から財布へ移動しているだけだからだ。

（※1）1500億円の借金には利息が発生しているが、支払った利息も財布から財布への移動でしかない。

（※2）実際には維持管理のための労働が必要になるが、ここでは建設のための労働だけを考えている

格差は、世代間ではなく「同世代」の中にある

お金は3つの財布を移動している

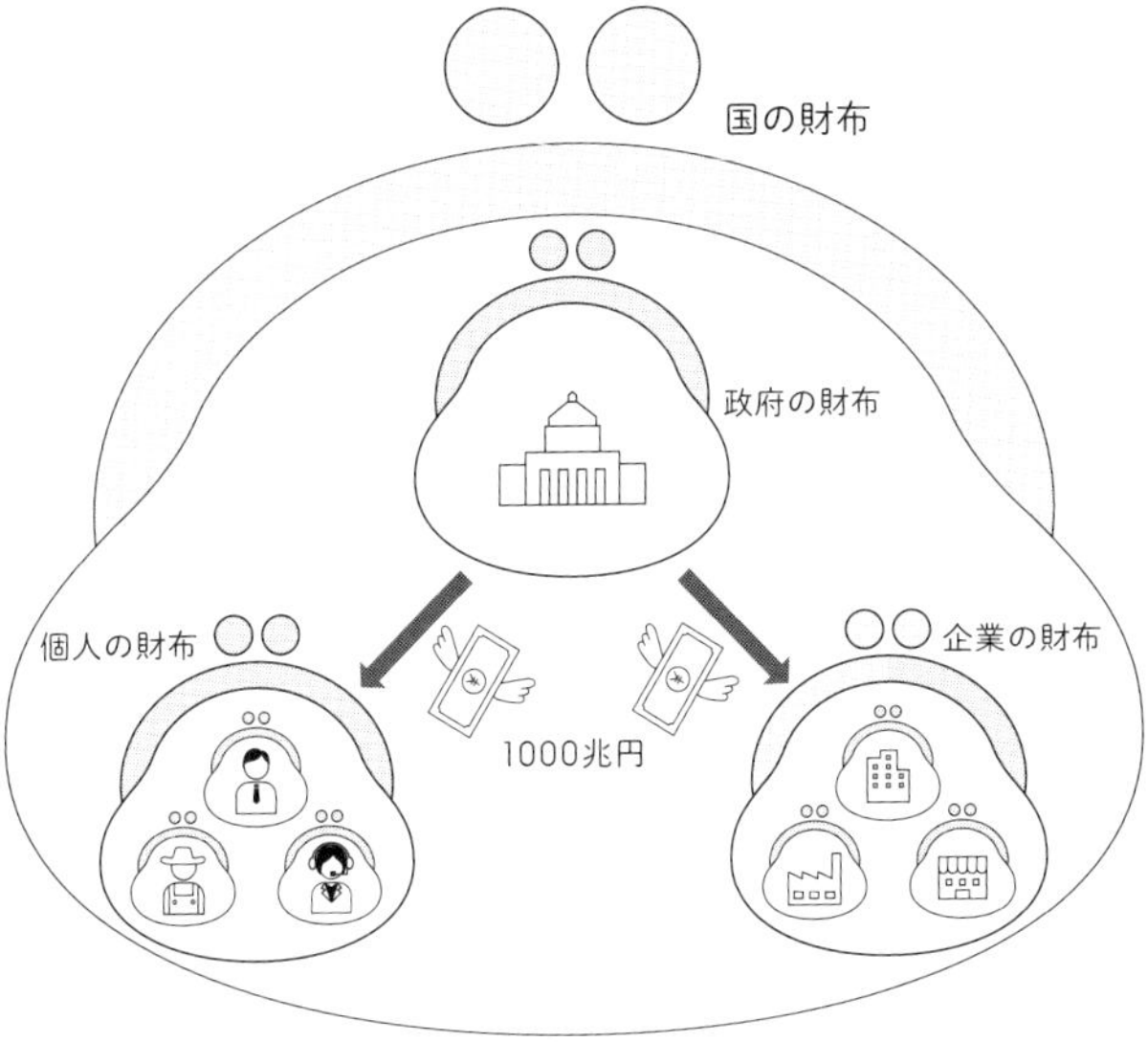

日本という「国の財布」の中には、3つの大きな財布が入っている。「政府の財布」と「企業の財布」と「個人の財布」だ。個人の財布には、国民それぞれの持つ財布が入っている。企業の財布には、国内にあるそれぞれの企業の財布が入っている。

使ったお金は消えてなくなるのではなく、どこかに移動している。政府の借金した1000兆円も、個人の財布と企業の財布に移動しただけだ。

公務員や、病院で働く医師や看護師、新国立競技場を作るために働く人たち。彼らはみんなのために働いた正当な報酬として政府からお金を受け取り、そのお金で食料を買ったり、洋服を買ったりしている。政府が借金して使ったお金が、みんなの財布へと流れていく。

政府が借金をした分だけ、個人や企業の財布のお金は増えている。どれだけ時間が経っても、そのお金はどこかに存在していて誰かが相続している。政府が借金を返すために個人や企業から税金を徴収すれば、いつでも1000兆円を集めることができるのだ。

「過去の借金のために、今さら税金を取るのは横暴だ」と思うかもしれない。でも、第5話に銀行の金庫で考えたように、蓄積された個人や企業の預金は、政府の借金の裏返しだ。その預金は、過去から未来へと相続されている。

個人のお金を相続するのは当然の権利だと思い、政府の借金は自分とは関係ない話だと過去の世代を恨むのは、ちょっと筋が通らない。もしも政府が借金をせずに税金を徴収していたのなら、個人や企業の預金の大部分は消えていたのだ。

逆にいうと、政府が借金を返さない限り、みんなのお金が減ることはない。僕たちがどんなにお金を使っても、個人と企業の財布の中で移動するだけだからだ。使っているのはお金ではなく労働だ。

世代が変わっても、政府、個人、企業の3つの財布に入っているお金の合計は変わらない。借金が増えていても同じ額の預金が増えている。だから、世代間の格差は存在していないのだ。（※）

そう言われても納得いかないかもしれない。1000兆円の借金を日本の人口の1億2000万人で割ると、一人当たり800万円になる。そんな預金もないし、相続もしていないと思うかもしれない。格差が存在しているのは確かだが、それは同じ時代を生きる人々の中に存在している。

政府が使ったお金をみんなが均等に受け取るわけではないし、均等に働いているわけでもないし、前の世代から均等に相続しているわけでもない。それらは、何らかの格差を生んでいる。

しかし、それらの格差すべてが悪いとは言えない。自分の労働の結果として、お金を貯めている人は数多くいる。問題があるとすれば、政府が使うお金で誰かが不当に儲けていることだ。また、一度生じた格差が相続によって受け継がれることに問題があるという見方もできる。

こうした格差問題について議論の余地は大いにあるが、少なくとも「世代間の格差」でないことは理解できるのではないだろうか。

さて、まだ疑問が残る。預金と借金がセットで将来に受け継がれるなら、借金をして潰れる国があるのはどうしてだろうか？

これも難しい話ではない。「働かない国」が潰れるだけなのだ。

（※）ここでの「世代間」とは、異なる時代を生きている人を指す。たとえば１９９０年を生きている人全体と２０２０年を生きている人全体を比べたときにお金による格差が存在しないという意味だ。「今を生きる20代と60代に格差が存在しない」という意味ではない。

「借金した国」ではなく「働かない国」が潰れる

これまでの話をまとめると、**「社会全体で見れば、政府が借金を増やすとき、誰かが同額の預金を増やしている」**ということだ。社会＝国なのであれば、国民から税金を集めて借金の返済に充てることができるから、国が潰れることはない。しかし、僕たちの生きている社会は国際社会だ。社会＝国ではない。

1つの国の財政問題を考えるときは、その国の国境線の内側についてだけ考える必要がある。国境線の外側から労働を借りた労働は、返さないといけない。そして、その負担が増えすぎると国は潰れてしまう。

ここまで何度も例に出してきた、新国立競技場にかかった1500億円。その一部は、働いてもらった外国にも流れている。たとえば、鉄鉱石を輸入すればオーストラリアで鉄鉱石を掘り出す人たちにも支払われる。

鉄鉱石を買うお金は、国の財布の外に出ていく。第8話の貿易の話で考えたように、外国に「労働の借り」を作ることになる。(※1)

建設にあたって国内で調達しにくい原料だけを外国から買うなら、「労働の借り」の増加は最少限にとどまる。しかし、僕たちが働くのが面倒だと建設作業をすべて外国に任せると、1500億円すべてが国の財布から外へ出て、外国に多額の「労働の借り」を作ることになる。この1500億円が、税金で集めたお金なのか国債を発行して調達したお金なのかは関係ない。

自国の通貨がどんどん外国に流れ出ていって「労働の借り」を大量に作った代表例が、ヴェルサイユ条約のときのドイツだ。ハイパーインフレが起きて、モノ不足で国内が混乱した。大量の自国通貨を外国に保有されると、いつかは外国のために働かないといけなくなり、国として破綻する危険がある。（※2）

また、外国の人に働いてもらうために、はじめから外貨で借金をする場合もある。財政破綻したアルゼンチンがこれに該当する。アルゼンチンのように経済が発展していない国の場合、自国の通貨を支払っても他の国に働いてもらうことが難しい。

そこで、ドルなどの世界的に信用力のある通貨を借りて外国の人に働いてもらう。借りた外貨を返済するために、将来の国民は外貨を獲得しないといけない。働いて返せなければ国は破産する。この破産の原因も「労働の借り」を外国に作ったことだ。

財政的に破綻した国に共通するのは、他の国に働いてもらいすぎたことだ（※3）。国民が怠けていたからだと責めたいわけではない。多くの場合、国内に抱えている政治的、軍事的な問題や、ギリシャのようにユーロ経済圏の構造的な問題などによって、国内の労働力を有効活用できないことに原因がある。

事情はどうあれ、**働いてもらったのに、働いて返せなければ破綻する。**個人だろうと国だろうとあたりまえのことなのだ。原因は借金ではなく、働くことにある。

（※1）外国為替取引をしても「労働の貸し借り」は変わらないことを示しておく。たとえば、オーストラリアの鉄鉱石会社が、外国為替取引で円を売ってオーストラリアドルを買う取引をする。このときの取引相手が日本の会社であれば、外国に流れていった円を取り戻すことができるが、同時に「労働の貸し」として保有していたオーストラリアドルを減らすことになる。

（※2）「日本の借金はすべて自国通貨の借金だから、紙幣を印刷すればいつでも借金を返せる」という考え方もある。たしかに借金を返せるのは間違いないが、「労働の借り」を外国に作っていると、このときのドイツのように国の経済が破綻してしまう。

（※3）第一次世界大戦後のドイツは、他の国に働いてもらったわけではないが、戦争の賠償金によって「労働の借り」ができてしまった。

過去の世代が積み上げたものは何か？

日本の現状の話に戻そう。

日本政府は、税金や国債の発行で集めた100兆円ほどのお金を毎年使って、誰かに働いてもらっている。その人たちがすべて国内にいるなら外国にお金は流れない。

しかし、外国にも手伝ってもらっている。ある程度の「労働の借り」を作っている。これは国債の発行による日本政府の借金とは関係ない。輸入などを通して外国の人たちに働いてもらう以上、「労働の借り」を作ることは避けられない。(※)

一方で民間の経済活動では、輸入よりも輸出が多く、「労働の貸し」を多く作っている。政府と民間の経済活動のすべてを合わせたときの「労働の貸し借り」が、189ページに書いた貿易黒字や貿易赤字の数字になる。

「国の財布」には、「政府の財布」も「個人の財布」も「企業の財布」も入っていた。もし日本が貿易赤字を蓄積していたら、外国が日本円を大量に持っていて、日本は多くの「労働の借り」を作っていた。だとすれば将来の日本の人たちは、外国のために働かないといけなかっただろう。

しかし幸いなことに、日本が蓄積してきたのは大量の貿易黒字だ。将来、外国の人に働いてもらえることはあっても、働かされることはない。日本政府が借金をしているからと言って、将来、税金を返すために余分に働く必要もなければ、外国のために働く必要もない。これで、やっと安心できる。

いよいよ、この本の本題に入っていく。

経済は社会全体の話だと思いながらも、実際には自分の財布の中だけを見てしまいがちになる。ここまで、現代社会で人々を個人主義に走らせている「お金への誤解」を解いてきたつもりだ。その誤解が、人々を、空間的にも時間的にも分断しているのではないかと僕は思っている。

空間的な分断の原因になっていたのは、「財布の中のお金が自分の生活を支えている」という誤解だった。現実は、財布の外の空間で人々が支え合って生きている。

そして、時間的な分断、つまり世代間の分断を引き起こしている原因の1つが、日本政府の借金だろう。「現在の豊かな生活は、過去の人たちの蓄積のおかげだ（第7話）」と言われても素直に喜べないのは、それと引き換えに大量の政府の借金が残っていると思うからだ。

だけど、これも誤解だった。政府の借金は、個人や会社の預金の裏返しだからだ。むしろ外貨を貯めて、外国に対しての「労働の貸し」を増やしてきたのだ。

過去の僕たちの選択によっては、もっといい社会になっていたかもしれないが、現在の状況でも、よほど恵まれている。

時間は過去から現在、現在から未来に向かって流れる。過去の人たちが支え合いながら現在の社会を作り上げてきたように、現在の僕たちも支え合いながら未来を作っていく。

では、未来の社会のために、僕たちは何をすればいいのだろうか？

それを考えるヒントが、実は年金問題に隠されている。年金問題の核心は、現在の社会を作ってくれた高齢者に感謝することではない。未来の社会を作る子どもたちのことを考えることだ。

（※）外国の人たちに働いてもらうことが「労働の借り」を作る。外国からお金を借りても「労働の借り」は作らない。たとえば、これまで日本のために働いていてくれたA国が10兆円保有している。A国に対しての「労働の借り」は10兆円だ。このうちの3兆円で日本国債を買ってもらっただけでは、A国への「労働の借り」は増えない。その3兆円を使って、日本国内の人に働いてもらうのであれば、そのお金は国内に留まる。A国のために働かなくても、増税などで集めたお金で3兆円を返済できるからだ。しかし、その3兆円を使ってA国から鉄鉱石を輸入すると、A国に対しての「労働の借り」がさらに3兆円増える。重要なのは、誰から借りたかではなく、誰に働いてもらったかだ。

最終話

未来のために、お金を増やす意味はあるのか？

多くの人が迎えることになる老後。
老後に備えることは、未来のために
僕たちが何をすべきかを考えることでもある。

QUESTION

14

僕たちの抱える老後の不安を解消する方法は次のうちどれだろうか？

A　他の人よりも多くのお金を貯めておく

B　外国に頼れるように外貨を貯めておく

C　社会全体で子どもを育てる

ANSWER

?

「僕たち」の定義次第で、正解は変わる

年金問題というイス取りゲーム

お正月、NHKで中継されるウィーンフィルのニューイヤーコンサート。90カ国以上で中継され世界中の関心を集める一大イベントだ。

そのチケットは、高い席で1枚15万円近くする。その上、お金さえ払えばチケットが手に入るわけでもない。2000にも満たない座席を求めて世界中の人々が殺到する。世界有数に厳しいイス取りゲームだろう。

希望者よりもイスの数が少なければ、お金を払ってもイスには座れない。たとえば保育園の待機児童問題も同じだ。このイス取りゲームに負けると「待機児童」として席が空くのを待つしかない。問題を解決するには、定員の数を増やすしかないのは誰の目にも明らかだ。

そして、最も多くの人が参加させられるのが、老後のためのイス取りゲームだ。元号が令和に変わって間もない頃、いわゆる「老後資金2000万円問題」が世間を賑わせた。老後を安心して暮らすには年金だけでは足りず、一世帯当たり2000万円の資金を用意する必要があるという話だ。十分なお金さえ準備すれば、老後を安心して暮らせるイスに座れるという考え方だ。これもまた、「希望者」よりも「イスの数」が少ないのは間違いない。少子高齢化で若い人が減っていけば、高齢者の多くが働かないといけなくなる。

イスの数は限られているから、みんながお金を貯めれば貯めるほどイスの価格は高くなる。2000万円貯めても足りなくなるかもしれない。自分だけがこのゲームに勝ちたいなら、他の人よりも多くのお金を貯めることだ。株や為替、仮想通貨などの「投資」の本を買ったりして、ギャンブルで勝てればいい。

しかし、問題を根本的に解決したいのなら、イスの数を増やすことを考えたほうがいい。そのためには、経済とは何か、お金とは何かを考え直す必要がある。

この老後問題は、未来を考えるための格好のきっかけになる。

年金を貯めるのも「お金の移動」でしかない

まずは、年金制度のしくみから見てみよう。

国の財布の中に3つの大きな財布があるという話をした。政府の財布、個人の財布、企業の財布だ。実は、4番目の大きな財布として「年金の財布」が存在している。財布が増えても本質は変わらない。お金は財布の間で移動しているだけだ。

日本の年金制度では、現役世代と呼ばれる20歳から60歳のすべての人々が年金保険料を毎月支払っている。そのお金は年金の財布で管理されていて、65歳以上の受給世代に年金として配られている。

さらに、政府の財布から年金の財布に補充されるお金もある。この中にはもちろん僕たちの支払う税金も含まれる。また、年金の財布の中に貯まっているお金は株や国債などで運用されていて、その収益も財布に入ってくる。ここまでが年金の概要だ。

年金制度のしくみ

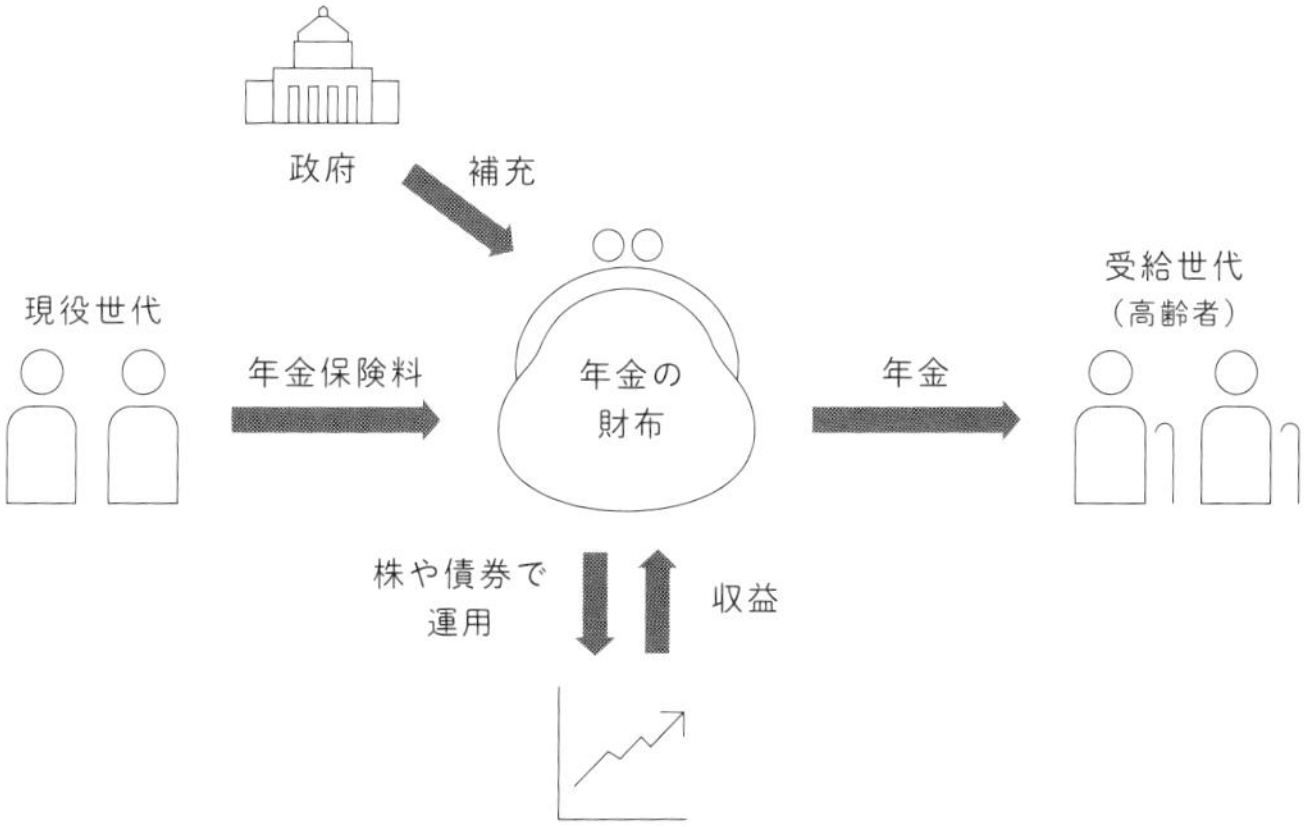

少子高齢化が進むことで現役世代の人口は減り続け、受給世代の人口は増え続けている。そのため年金保険料はこれまで何度も引き上げられ、毎年補充される政府のお金も増えてきた。

こんな不満を持っている人は多いだろう。

「昔の人はもっと年金保険料を支払うべきだった。年金の財布のお金がもっと多ければ僕たちの負担は少なかったはずだ。僕たちは余計に働かないといけない」と。

これは、先ほどの日本政府の借金と同じ誤解なのだ。過去の人が現在の人を働かせることはできない。お金は消えたのではなく、どこかに移動しているだけだ。

今、年金の財布には200兆円、個人の財布には1000兆円が入っているとする。過去の年金保険料を増やしていたら、年金の財布の中身は200兆円ではなく400兆円に増えていたかもしれない。ただし、同時に個人の財布のお金も1000兆円から800兆円に減っていた。つまり、僕たちが両親などから相続する個人のお金が減っていたのだ。

政府から流れてくるお金はもちろん、政府の財布からのお金の移動だ。

そして、年金の財布のお金を運用して得られる収益もまた、財布から財布の移動だ。株の配当をもらうのは、企業の財布から年金の財布への移動。国債の利息をもらうのは、政府の財布から年金の財布への移動だ。保有している株価が上がればお金は増えそうだが、株を売らないとお金は手に入らない。しかし、そのお金も株を買った人の財布から移動してくる。すべてが、4つの財布の間でのお金の移動なのだ。

老後に備えて2000万円を蓄えるために「投資」をしてお金を増やそうとするのも同じく財布間の移動であり、お金を奪い合っているだけだ。

自分ひとりの問題であれば、「もっとお金を貯めておけばよかった」という後悔はもっともだ。自分の財布の「外」があるからそう思う。しかし、これまで話してきた

運用して得られる収益も、他の財布からの移動

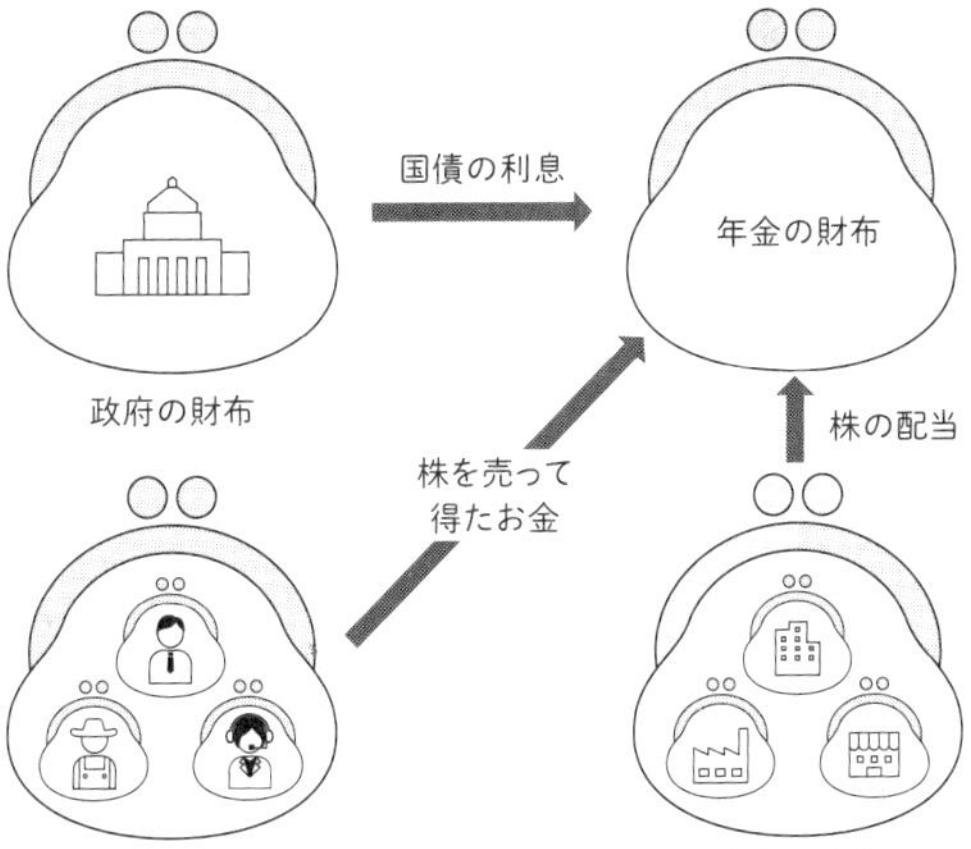

ように、年金に関するお金の移動が、国の財布の中で起きているのなら、全体のためにお金を貯める意味もなければ、お金を使いすぎて後悔することもない（国の外の話はまた後ほど取り上げる）。

この年金問題の原因は、貯めているお金が足りないことではない。昔の人のせいでもなければ、お金の問題でもない。

では、何の問題なのか。そもそも、高齢化社会になることで増える「負担」の正体は何なのだろうか。

年金問題で頻出する日本の人口バランス表

西暦	20-64歳 現役世代(A)	65歳以上 受給世代(B)	A／B
1970	62,502（千人）	7,331（千人）	8.5
1980	70,607	10,653	6.6
1990	76,105	14,928	5.1
2000	78,878	22,041	3.6
2010	75,642	29,484	2.6
2020	68,829	36,191	1.9
2030	63,716	37,160	1.7
2040	55,426	39,206	1.4
2050	48,730	38,406	1.3

出典：2020年までは総務省統計局による人口推計。2030年以降は国立社会保障・人口問題研究所による日本の将来推計人口（平成29年推計）。

負担とはお金を払うことではない

「負担」という言葉を聞くと、お金を支払うことを連想してしまう。

そして、年金問題の話になると、上のような表をよく見かける。少子高齢化によって人口バランスが崩れていることを示すデータだ。

現役世代の人口は減り続ける一方で、受給世代と呼ばれる高齢者は増え続けている。そして、1970年には8・5人で1人の高齢者を支えていたのが、2020年には1・9人にまで減った。このままでは、2050年には1・3人で1人を支えることになる。

この表は、年金保険料や税金が増えてしまう理由の説明に使われる。しかし、支払うお金こそが「負担」だと信じていると、年金問題がお金の問題だという誤解から抜け出せない。「年金の財布に入っているお金がもっと多ければ僕たちの負担は少なかったはずだ」と、先ほどの議論に戻ってしまう。

もう一度、経済の羅針盤を見直してみよう。

経済の羅針盤

◎ 誰かが働いて、モノが作られる

◎ モノの効用が、誰かを幸せにする

→ **「誰が働いて、誰が幸せになるのか」を考えることが重要**

○ お金の価値は、将来、誰かに働いてもらえること

○ お金は増減せずに、移動する

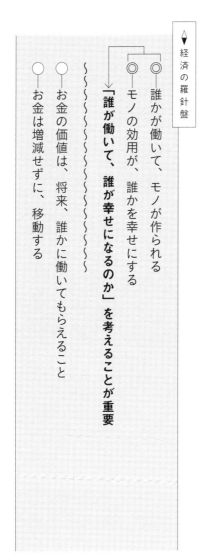

僕たちが生活できるのは、「働く人」がいるからだ。働く人がいて初めてお金が価値を持つ。2020年時点で、1・9人が働いて1人の高齢者を支えているという事実は、年金保険料や税金が減っても変わらない。労働という視点では、社会全体の負担は何も変わらないのだ。

親を直接介護するときでも、昔であれば4、5人の兄弟姉妹で分担できたが、今では1人か2人の子供が面倒を見ないといけなくなっている。高齢化社会で困るのは、一人当たりの労働の負担が増えることだ。

改めて、経済とは何かを考えないといけない。

僕たちが社会の運営に対して負担しているのは「働くこと」だ。働くことで何かを生産し、その成果を社会全体で分かち合う。その結果、僕たち一人ひとりの生活が豊かになる。これこそが経済だ。

コンビニのおにぎりも、家の食卓に並ぶおにぎりも、被災地の炊き出しで出されるおにぎりもすべて誰かが働くことで作られる。モノの生産にお金は必ずしも必要ではない。無償で働くこともある。でも、働く人がいなければ、モノは生産されない。お金を支払ってふんぞり返る人たちだけがいても、何も生産されない。

「お金を支払うこと」が社会に対しての負担になるのではなく、「支払うお金を稼ぐために働くこと」が、社会に対しての負担になるのだ。

ところが、専門家たちは、経済の話はお金の話だと考える。先ほどの政府の借金の話でも、誰からお金を借りるかは気にしても、国の中の人が働くかどうかは気にしない。

年金の話についても、「昔に比べて年金保険料が増えた」とか「受け取る年金が減ってしまう」とか、年金の積み立て方や支払い方のことを議論し、お金の問題だと考える。問題はそこではない。お金のむこう側にいる働く人が減っているのだ。働く人の存在に気づけないと、年金問題を解決することはできない。

「子育ての負担」を忘れた現代社会

あなたが年金をもらい始めるのが2050年であれば、事態はもっと悪化している。

子育てへの社会の負担は減っている

西暦	20-64歳 現役世代(A)	0-19歳 子供(C)	A／C
1940	34,733(千人)	33,746(千人)	1.0
1950	41,093	37,998	1.1
1960	50,693	37,376	1.4
1970	62,502	33,887	1.8
1980	70,607	35,801	2.0
1990	76,105	32,579	2.3
2000	78,878	26,007	3.0
2010	75,642	22,932	3.3
2020	68,829	20,688	3.3
2030	63,716	18,249	3.5
2040	55,426	16,287	3.4
2050	48,730	14,787	3.3

出典：2020年までは総務省統計局による人口統計。2030年以降は国立社会保障・人口問題研究所による日本の将来推計人口(平成29年推計)。

高齢者1人を1・3人で支えることになる。

おそらく、支えることは難しい。65歳を迎えても、多くの人が働き続けないといけない。

今から50年以上前、1970年においては、8人以上の現役世代が高齢者1人を支えていた。年金保険料も少なかったし、この頃の人たちは負担が少なくてラッキーだったのだろうか。

そんなことはない。お金の流れだけで見えてくる負担は全体の一部だ。当時の社会は、お金には表れない大きな負担があった。**それは、子育てだ。**

先ほどの表は、現役世代と高齢者の人口バランスだったが、この表は、現役世代と子どもの人口のバランスだ。

1970年に老後を迎えた人たちが子育てをしていた1940年、1人の子供をたった1人の現役世代で支えていた。2020年には1人の子供を支える現役世代は3・3人にまで増えている。

子どもを育てるという負担があったから、数十年後に子どもたちが働くようになったときに、人口バランスの恩恵を受けることができたのだ。

少子化問題の話になると、必ずと言っていいほど、子どもを「産む」話から議論がスタートする。1940年の日本では、1人の女性が生涯に産む子どもの人数、つまり出生率は4人を超えていたが、現在の日本の出生率は1・3人にまで低下している、という話だ。

不思議ではないだろうか？

年金問題を話すときには、「1人の高齢者を●人の現役世代で支えている」という話をよく聞くのに、「1人の子どもを●人の現役世代で支えている」という数字を目にすることがほとんどない。1人の女性が産む子どもの人数しか気にしない。

現代の社会では、高齢者の生活は社会が助けるものだと考えても、子育てについては社会全体で助け合うという発想がなくなってしまったように感じる。

子育ての負担が減っているというのは、「親」の話ではなく、「社会」の話だ。社会が子どもを育てなくなってしまった。

現代を生きている僕たちは、高齢者の割合だけを見て、負担が大きいと文句を言っていて、子育ての負担が減っていることを忘れている。

将来の負担を増やさないためには、子どもを育てる負担を増やして、人口バランスを回復させる必要がある。誤解してはいけないのは、減っているのは社会の負担であって、親の負担ではない。親の負担はむしろ増えている。

「助け合い」という目的を忘れた経済

昔の日本で、多くの子どもを育てることができたのは、親だけではなく社会も、子どもを育てる負担をしていたからだ。この「負担」は金銭的な話ではない。親以外の家族、近くに住む親戚、地域の人々が子どもの面倒を見るなど、地域社会の中で子どもを育てようとしていた。社会全体も子育てにもっと協力的だった。

現代の日本では、地域社会に子育てを負担してもらえることが少なくなった。そして、社会は子育てに協力的どころか寛容さを失っている。

小さい子どもを連れて外出するときの周りの目は厳しい。たまに温かい目を向けられたときに、とてもありがたいと感じる。子どもの声がうるさいという理由で、公園の使用が制限されることもある。土地の資産価値が下がるという理由で、子育て支援施設の建設に反対する人々もいる。最後の例などは、まさに経済の手段と目的が逆転してしまった例だ。

かつて、地域社会には、お金を使わずに支え合う経済が存在していた。お金を使うのは外部の人たちに働いてもらうときだけだ。お金はその交渉力を生かして、知らない人に働いてもらうための手段だった。

ところが、お金を使う経済があたりまえになり、経済の目的は「お金を増やすこと」

になってしまった。ＧＤＰを伴わない無償の助け合いは経済活動としてカウントされず、道徳の領域に追いやられている。

少子化問題は、助け合いという経済の目的を忘れた現代社会を象徴している。人々が助け合って生活するために経済が存在していて、お金は助け合う手段の１つに過ぎないということを思い出さないといけない。

子育ての負担は、親だけの両肩にずしりとのしかかっている。親たちが他の人に協力を求めるには、お金を支払って託児サービスや家事代行などを利用するしかない。

少子化問題を解決するためには、金銭的に言えば、子育て世帯を支援する制度を増やすなどして、社会全体で子育てを助けていく必要がある。

そして何よりも僕たち一人ひとりが、「社会で子どもを育てている」という意識を持ち、子どもたちに対して寛容になる必要がある。

どんなに土地の資産価値が上がっても、子どもがいないことには、将来の社会は支えられない。将来、土地を買ってくれる人もいなくなる。

「投資」という未来のための労働

投資を適切に行うことも、未来の問題を解決する助けになる。

「消費」と「投資」の2種類のお金の流れ方が、僕たちの労働の使い道を決めている。消費のお金が流れれば、僕たちの労働は現在のために使われ、投資のお金が流れれば、将来のために使われる。

たとえば、100億円を投資して、ロボットの研究をする会社の株を購入する。お金だけに注目すれば賭け金100億円のギャンブルに見えるが、労働にも注目すれば、100億円が未来のために働く人々に流れていることに気づく。その研究によって介護ロボットができれば、未来の社会における介護の負担を減らすことができる。

この投資をお金儲けとして捉えると、この投資が成功したかどうかは将来の株価次第だ。株価が上がれば大儲けできる。しかし社会全体の視点では株価は意味をなさない。投資家が株を売却して手に入れたお金は他の財布から移動しただけだからだ。

社会全体にとって重要なのは、その投資によって生み出される効用だ。**現在の人た**

ちが100億円分働いたことによって、未来の人たちの生活がどれだけ豊かになるのか、だ。

公共投資も民間の投資も、目的は未来の社会を作ることにある(※1)。投資を増やすことは未来のために働く人を増やすことを意味し、何に投資するかはどんな未来にしたいのかを表している。

近年、SDGs(※2)に取り組む会社への投資が注目されているが、これはまさに「どんな未来を作りたいか」という意志の表れでもある。

しかし、投資はあくまでも未来のための手段だ。投資のお金を集めるためにSDGsを目標に掲げたり、お金を儲けるためだけに注目の集まるSDGs銘柄に投資したりするのであれば、未来の社会がよくなるはずがない。

日本国内への投資であれば、国内にある財布の間でのお金の移動だから、国内のお金は増えない。しかし、外国への投資には「国の財布」の外側とのお金のやり取りが発生する。外国の投資で儲かれば、「国の財布」に外貨が入ってくる。貿易と同じように、投資でも外貨を増やせば、外国への「労働の貸し」を増やすことができる。将来、国内で必要になる労働の一部を外国の人たちに負担してもらうことが可能になる。これもまた、未来の「日本の」問題を解決する1つの選択肢だ。

（※1）お金の流れだけを見ていると先ほどの年金の財布の運用には意味がないように思えるが、そのお金が未来の社会の効用を増やす投資に使われることで大きな意味をもつ。

（※2）2015年の国連サミットで採択された持続可能な開発目標（Sustainable Development Goals）。「すべての人に健康と福祉を」「質の高い教育をみんなに」「気候変動に具体的な対策を」など17個の大きな目標と、それらを達成するための169のターゲットで構成されている。

「僕たち」とは誰なのか

さて、今回のQuestionに戻ろう。

QUESTION 14

僕たちの抱える老後の不安を解消する方法は次のうちどれだろうか？

A　他の人よりも多くのお金を貯めておく
B　外国に頼れるように外貨を貯めておく
C　社会全体で子どもを育てる

「僕たち」が自分や家族だけなら、Aが正解だ。他の人よりも多くのお金を貯めておけばイス取りゲームに勝つことができる。BやCよりもAを実践したほうが効果的だ。

「僕たち」が国全体に広がると、Aは正解にならない。BやCが正解になる。

では、「僕たち」が「社会全体」になるとどうだろうか？

Bは正解から外れる。外貨を貯めることは、国内の問題を外国に押し付けているだけだと気づく。Cの子どもを育てることが唯一の正解になるのだ。

僕たちの生きている社会はさまざまな問題を抱えている。それがモノや労働などの分配が偏っている問題なら、お金を配ることで解決できるかもしれない。

だけど、社会全体の問題は、お金では解決できない。**お金で解決できる気がするのは「僕たち」の範囲が狭いからだ。**「僕たち」の外側に問題のしわ寄せがいっている。

「僕たち」の範囲が社会全体にまで広がると、お金は無力になる。お金の存在が消え、労働の存在が浮かび上がる。自然の中の資源を利用して、協力して働くことで問題を解決していることに気づく。

「僕たちは自然を大切にしないといけない。そして、僕たちは共に働くことで助け合って生きている」

道徳の授業で聞き飽きている話だ。誰も疑いはしないが、経済とは別の話だと横目で見てしまいそうになる。だけど、本書でここまで見てきたように、経済とお金を突き詰めて考えても、同じ結論に行き着くのだ。

ここに、何人かが協力して暮らす島がある。この島にお金はない。何人かは海に魚を採りに行き、何人かは森に木の実やキノコを採りにいく。1年かけて米や野菜を育てる人たちもいれば、寒い冬に備えて風雪を凌げる家を作る人たちもいる。今の生活を維持しながら、より良い将来を迎えるために助け合って生きている。

お金を使わない経済では、「人」を中心に経済を捉えている。「誰が働いて、誰が幸せになるのか」を考えているから、経済を直感的に理解できる。

島の人口が1億2000万になって、お金という仕組みが導入されても、みんなが協力して生きていることには変わりない。ところが、その生活に慣れると「お金」を中心に経済を考えるようになる。経済は直感的でなくなり、理解するのが難しくなる。「経済の難しい話は専門家に任せておこう。経済というものがどこかで機能しているはずだ。自分のお金を増やせば未来は良くなるはずだ」

そう考えるようになってしまう。

この第3部では、貿易の話、インフレの話、日本政府の借金、年金問題について「人」を中心に考えて直した。「誰が働いて、誰が幸せになるのか」というあたりまえのことを考えるだけで、経済はシンプルで直感的になる。

専門家たちが「経済のため」と言っていても、誰のためにもなっていないと感じたら、疑ったほうがいい。彼らの専門用語が理解不能でも、あなたの直感のほうがきっと正しい。経済は本来、易しい話だ。そして、優しい話であるはずなのだから。

おわりに

「僕たちの輪」はどうすれば広がるのか？

僕は、とことんお金の話をしてきた。

だけど、お金の話を突きつめて考えたら、道徳の話に近づいた。それは、「僕たち」の範囲を社会全体に広げたからだ。

僕たちの周りには「僕たちの輪」とでもいうべき、内側と外側を区切るものが存在している。この輪を広げることができたら、社会はずっと良くなりそうだ。現代社会を生きる上で感じる孤立感や閉塞感のようなものも、この輪を広げることで薄まるのではないかと思う。

ならば、「僕たちの輪」は、どうすれば広がるのか？

これが最後に残していた問いであり、一緒に考えてほしいと思っていた謎だ。

「僕たちの輪」は、状況に応じて変化している。たとえば「僕たちの昼食は何にしようか」と家の冷蔵庫を開けながら話しているとき、この輪に入っているのは家族だ。別の状況では、一緒に働く会社の人たちがその輪に入ることもあれば、同じ国で暮らすすべての人が入ることもある。

この「僕たちの輪」が意味するものは、**目的を共有している範囲**とも言えるだろう。輪の中にいる「僕たち」は、同じ目的を達成するために協力し合っている仲間だ。「家の中で日常生活を送る」という目的は、家族と共有している。家族である「僕たち」は、炊事や掃除、育児などを分担して助け合うことで、目的を達成している。

しかし、輪の内側だけの協力では目的を果たせないこともある。そんなときに必要になるのがお金なのだ。お金を払うことで、輪の外側にいる人たちが働いてくれる。お金の力は強力だが、輪の外側で働いてくれる人の存在を見えにくくする。

ここに、本書冒頭の「ざるそばの謎」の答えがあるのではないかと、僕は思っている。内側の人が働けば、働いてくれた人のおかげだと感じ、外側の人であれば、お金を払ってくれた人のおかげだと感じる。輪の内側と外側では、捉え方が大きく変わってしまうのだ。

僕が子どものとき、昼食にそばを食べたいと思えば、そば屋を営む両親が作ってくれた。輪の中の人が働いてくれたときは、その人のおかげだと思って感謝する。

でも、家がそば屋でなければ、そばを打つのは難しい。スーパーでそばを買ってくるか、家族でそば屋に食べに行くしかない。輪の外側の人たちの協力が必要になる。

このとき、感謝する相手が、「働いてくれた人」ではなく「お金を払ってくれた人」になりがちなのだ。親がそば屋に連れて行ってくれれば、お金を払った親に感謝する。そして、お金を払うお客さんの中には、お金を払う自分がえらいのだと振る舞う人もいる。

輪の内と外を分けているのは、目的を共有しているかどうかだ。そば屋がお金を儲けるためだけに働き、客もまた自分のお金のおかげでそばが食べられると信じる限り、目的を共有することはできない。

目的を共有する方法はただ1つ。**お金のむこうにいる「人」の存在に気づくこと**だ。

そば屋は「お客さんが美味しいそばを食べる」ために働き、一方の客は「自分が美味しいそばを食べるためにそば屋が働いている」と考える。すると、二人の間で目的を共有できて、同じ「僕たちの輪」に入ることができる。お金を払うことが、働いてくれた人への感謝の意味を持つようになる。

これは、綺麗事でも何でもない。状況に応じて、現実に、無意識のうちに誰もがやっていることだ。

2020年、新型コロナウィルスで世界が一変してから「エッセンシャルワーカー」という言葉を耳にするようになった。医療従事者や食糧の生産者など、ライフラインを維持するために働く人たちのことだ。

彼らはお金を受け取って働いているが、「日常生活を維持する」という目的を共有する仲間だ。だから多くの人が彼らを輪の内側に感じ、彼らの尽力に感謝する。「お金を払っているから当然だ」と思う人は少ない。事実、感染症対応に尽力した医療従事者に20万円の慰労金を支給することになったが、反対する人はほとんどいなかった。共に生きている仲間への感謝のしるしとして、お金を払ったのだ。

災害が起きたとき、僕たちの輪は急速に広がる。僕たちは支え合って生きていることを実感し、社会全体に一体感がうまれる。この一体感があるとき、社会が抱える問題を、他人事ではなく自分事として考えられるようになる。

災害時に僕たちの輪が広がるのは、「日常生活を取り戻す」という目的を社会全体で共有できるからだ。そしてもう1つ理由がある。その目的を果たすためには、お金だけではどうにもならないことが明白だからだ。

東日本大震災のときには、自衛隊や多くのボランティアの人たちが東北で救援活動を行なった。アメリカ軍や日本に駆けつけた多くの国々も救援活動に加わった。お金があっても、現場で助けてくれる人がいなければ問題が解決できないことは誰の目にも明らかだ。その結果、世界全体で目的を共有し、協力することができた。

このとき、僕たちは困難の真っ只中にあったが、社会の広い範囲で連帯感が生まれた。国の中だけでなく、世界の人々と支え合って生きていると感じた。災害が起きたことで社会のしくみが変わったわけではない。変わったのは、僕たちの感じ方だ。

お金を払うだけで問題が解決しないのは、災害時に限った話ではない。平常時だって、**お金を払うだけで解決する問題など1つもない**。お金を払うことは、輪の外側の人に問題解決を押し付けているに過ぎない。**必ず「誰か」が解決してくれている。**

しかし、現代では「お金が解決する」という錯覚が蔓延している。老後資金2000万円問題のように、「投資」というギャンブルで儲けることだけを考えるようになると、「僕たちの輪」はどんどん小さくなっていく。

目的を共有できるかどうかは、僕たち一人ひとりの感じ方次第だ。コロナ禍になって突如、スーパーの店員にエッセンシャルワーカーとしての使命感が芽生えたわけではない。平常時においても、多かれ少なかれ、使命感を持って働く人も多いだろう。僕だって、誰だって、自分のお金を増やすことだけを目的に働いているわけではないはずだ。忙しくしている同僚の仕事を手伝うこともあれば、お客さんの幸せを考えて働くこともあるだろう。

時としてお金が人の存在を隠してしまうが、お金のむこうには確実に誰かが存在している。その存在を思い出し、共有できる目的が増えていけば、「僕たちの輪」は広がっていくのではないだろうか。

先ほど触れたSDGsでは、17個の大きな目標が掲げられている。こうした目標が共有できれば、「僕たちの輪」は世界全体に広がるだけでなく、未来にも広がる。持続可能な社会を作ることは、未来の人たちと目的を共有することになるからだ。

そして、ＳＤＧｓで掲げられている目標は「貧困をなくそう」「すべての人に健康と福祉を」「質の高い教育をみんなに」「ジェンダー平等を実現しよう」「住み続けられるまちづくりを」「平和と公正をすべての人に」など、実現すれば「僕たち」が幸せになることが盛り込まれている。ここでの「僕たち」はもちろん、世界のすべての人たちを指している。

本書では、人を中心に経済を捉えてきた。人々の幸せを実現するために、お金を使う経済が存在していることを考えてきたつもりだ。

ところが、お金を中心に経済を捉えていると、手段と目的が逆転してしまう。

「お金儲けできるビジネスチャンスを逃さないために、ＳＤＧｓに取り組むべきだ」
「投資マネーを集めるためにＳＤＧｓを企業理念に掲げるべきだ」

そう考える経営者やコンサルタントが、実際に数多く存在する。せっかく世界全体に広がっていた「僕たちの輪」が、一企業の大きさにまで急速に縮んでしまう。

社会全体の話をする専門家の中にも、「経済効果や雇用のためにＳＤＧｓに取り組んだほうがいい」と主張する人がいる。

彼らの語る「経済」の話を難解だと感じたら、もうこれからは「自分の知識が足りないからだ」と思わないでほしい。その人の「経済」の目的が、人々の幸せを増やすことではなく、お金や仕事を増やすことだからだ。そんな人の話が理解できなくても、気にすることはない。

経済の目的が人々の幸せだと考えるならば、彼らに任しておいてもしょうがない。あなた自身が考えたほうがいい。経済はそんなに難しくないことに、すでに気づいているだろう。


経済を考えるときには、お金の存在を取り払って、そのむこう側にいる人のことを考える。お金を受けとるとき、誰かが幸せになっている。お金を払うとき、誰かが働いてくれている。

誰が働いて誰が幸せになっているのかを考えるだけで、経済をシンプルかつ直感的に捉えることができる。

お金のむこうに人がいる。

一人ひとりがそう意識するだけで「僕たち」の範囲は広がる。経済の目的が、お金や仕事を増やすことから、幸せを増やすことに変わっていく。

一人の意識が変わっても、すぐに社会は変わらないだろう。政治もお金の使われ方も何も変わらない。

しかし、だ。

「一人ひとりの力は微力だが、無力ではない」という言葉がある。微力ながら、僕はこの本を書いてみた。それが、『僕たちの輪』はどうすれば広がるのか」に対する、僕の答えだからだ。

社会が良くなるためには、一人ひとりの微力を積み重ねるしかない、と僕は思っている。

あなたは、どう思うだろうか？

2021年9月
田内　学

・著者からのお知らせ

ウェブサイト「お金の向こう研究所」では、お金や経済の仕組みや時事問題についての情報発信をおこなっております。ぜひ、アクセスしてみてください。

https://note.com/mnbtauchi

参考文献

・『飛鳥の木簡：古代史の新たな解明』市大樹 著／中央公論新社（２０１２）

・『中国銅銭の世界：銭貨から経済史へ』宮澤知之 著／佛教大学通信教育部（２００７）

・『日本ビール検定公式テキスト：知って広がるビールの世界 改訂新版』日本ビール文化研究会 監修／実業之日本社（２０１４）

・『西ドイツ　その人々の歴史（全訳世界の歴史教科書シリーズ15）』ハンス＝エーベリング、ウォルフガング＝ビルケンフェルト 著／帝国書院（１９８２）

・『昭和財政史　終戦から講和まで　第19巻』大蔵省財政史室 編／東洋経済新報社（1978）
・『立命館経済学　59巻5号』「ドイツの賠償支払い・トランスファー問題とケインズ」松川周二 著（2011）
・『文学・芸術・文化　第24巻第2号』「ヴェルサイユ条約とケインズ（2）」高橋章夫 著（2013）
・『調査と情報　第228号 戦後補償問題―総論（1）』国立国会図書館調査及び立法調査局編（1993）
・『経済学論纂（中央大学）第61巻第1号』「戦争財政の後始末―インフレ，財産税，戦時補償債務，国債負担の顚末―」関野満夫 著（2020）
・『國史大事典　第7巻』国史大辞典編集委員会 編／吉川弘文館（1986）
・『日本長期統計総覧第4巻』日本統計協会 編（1988）
・『頭の体操シリーズ』多湖輝 著／光文社
・『若い読者のための経済学史』ナイアル・キシテイニー 著／すばる舎（2018）

・『欧州の国際関係 1919―1946 フランス外交の視角から』大井孝 著／たちばな出版（2008）
・『奇跡の経済教室【基礎知識編】』中野剛志 著／KKベストセラーズ（2019）
・『世界は贈与でできている』近内悠太 著／NewsPicksパブリッシング（2020）
・『インベスターZ』三田紀房 著／講談社

参考データ

・日本銀行金融研究所「和同開珎にみる税と給料」
https://www.imes.boj.or.jp/cm/research/zuroku/mod/07kikaku_wadocatalogue11-15.pdf
・季刊大林「No.1 ピラミッド」
https://www.obayashi.co.jp/kikan_obayashi/upload/img/001_IDEA.pdf
・日本銀行時系列統計データ検索サイト「資金循環」
https://www.stat-search.boj.or.jp/ssi/cgi-bin/famecgi2?cgi=$nme_a000&lstSelection=FF
・日本取引所グループ「その他統計資料」

https://www.jpx.co.jp/markets/statistics-equities/misc/tvdivq0000023wp-att/historical-genbutsu.xls

https://www.jpx.co.jp/markets/statistics-equities/misc/tvdivq0000001wij-att/historical-sikin.xls

・鳥取県「平成30年度鳥取県県民経済計算」
https://www.pref.tottori.lg.jp/secure/1236428/kenminkeizai_h30_result.pdf

・財務省貿易統計「年別輸出入総額の推移表（１９５０年以降）」
https://www.customs.go.jp/toukei/suii/html/nenbet.htm

・財務省「令和元年末現在本邦対外資産負債残高の概要」
https://www.mof.go.jp/policy/international_policy/reference/iip/data/2019_g.htm

・財務省　「令和２年度一般会計補正後予算　歳出と歳入の構成」
https://www.e-stat.go.jp/stat-search/file-download?statInfId=000000090263&fileKind=0

・総務省統計局「人口推計」
https://www.e-stat.go.jp/stat-search/file-download?statInfId=000013168603&fileKind=0

https://www.stat.go.jp/data/jinsui/pdf/202103.pdf

・国立社会保障・人口問題研究所「日本の将来推計人口」（平成29年推計）
http://www.ipss.go.jp/pp-zenkoku/j/zenkoku2017/db_zenkoku2017/s_tables/1-2.htm

・U.S. DEPARTMENT OF THE TREASURY「MAJOR FOREIGN HOLDERS OF TREASURY SECURITIES」
https://ticdata.treasury.gov/resource-center/data-chart-center/tic/Documents/mfhhis01.txt

・朝日新聞デジタル「新紙幣発行の経済効果１．６兆円　前回刷新時から倍増？」（２０１９年４月10日）
https://www.asahi.com/articles/ASM497RB6M49ULFA025.html

［著者］
田内学（たうち・まなぶ）
1978年生まれ。東京大学入学後、プログラミングにはまり、国際大学対抗プログラミングコンテストアジア大会入賞。同大学院情報理工学系研究科修士課程修了。2003年ゴールドマン・サックス証券株式会社入社。以後16年間、日本国債、円金利デリバティブ、長期為替などのトレーディングに従事。日銀による金利指標改革にも携わる。2019年退職。現在は子育てのかたわら、中高生への金融教育に関する活動を行っている。本書が初の著書。

お金のむこうに人がいる
――元ゴールドマン・サックス金利トレーダーが書いた予備知識のいらない経済新入門

2021年9月28日　第1刷発行
2024年8月1日　第12刷発行

著　者――田内学
発行所――ダイヤモンド社
〒150-8409　東京都渋谷区神宮前6-12-17
https://www.diamond.co.jp/
電話／03･5778･7233（編集）　03･5778･7240（販売）

装丁・本文デザイン――三森健太（JUNGLE）
本文DTP――阪口雅巳（エヴリ・シンク）
校正――加藤義廣（小柳商店）
企画協力――佐渡島庸平
編集協力――有山宙
製作進行――ダイヤモンド・グラフィック社
印刷――三松堂
製本――ブックアート
編集担当――今野良介

ISBN 978-4-478-11372-1

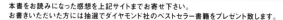